ESTE LIVRO
PERTENCE A:

HISTÓRIAS DE NINAR PARA GAROTAS REBELDES

100 FÁBULAS SOBRE MULHERES EXTRAORDINÁRIAS

ELENA FAVILLI
FRANCESCA CAVALLO

Tradução

Lenice Bueno

OUTRO Planeta

Título original: *Good Night Stories for Rebel Girls: 100 Tales of Extraordinary Women* por Elena Favilli e Francesca Cavallo (www.rebelgirls.com)

Preparação: Mariana Silvestre
Revisão: Wélida Muniz e Camila Gonçalves
Coordenação editorial: Algo Novo Editorial
Direção editorial e de arte original: Francesca Cavallo e Elena Favilli
Design original: Cori Johnson
Diagramação: Vanessa Lima
Capa: Adaptada do projeto original de Pemberley Pond
Adaptação de lettering de capa: Juliana Moore

CIP-BRASIL. CATALOGAÇÃO NA PUBLICAÇÃO
ANGÉLICA ILACQUA CRB-8/7057

Favilli, Elena
Histórias de ninar para garotas rebeldes : 100 fábulas sobre mulheres extraordinárias / Elena Favilli, Francesca Cavallo ; tradução de Lenice Bueno. — São Paulo : Planeta do Brasil, 2024.
224 p. : il., color.

ISBN: 978-85-422-2632-4
Título original: Good Night Stories for Rebel Girls: 100 Tales of Extraordinary Women

1. Mulheres – Biografia – Literatura infantojuvenil I. Título II. Cavallo, Francesca III. Bueno, Lenice

24-0449 CDD 920.72

Índice para catálogo sistemático:
1. Mulheres – Biografia – Literatura infantojuvenil

MISTO
Papel | Apoiando o manejo florestal responsável
FSC® C005648

Ao escolher este livro, você está apoiando o manejo responsável das florestas do mundo.

2024
Todos os direitos desta edição reservados à
Editora Planeta do Brasil Ltda.
Rua Bela Cintra, 986, 4º andar – Consolação
São Paulo – SP – 01415-002
www.planetadelivros.com.br
faleconosco@editoraplaneta.com.br

Acreditamos nos livros

Este livro foi composto em Montserrat e impresso pela Gráfica Santa Marta para a Editora Planeta do Brasil em fevereiro de 2024.

Para todas as garotas rebeldes do mundo:

Sonhe mais alto,

Mire mais longe,

Lute com mais garra,

E, nos momentos de dúvida, lembre-se:

Você está certa.

• SUMÁRIO •

• PREFÁCIO •

Há muitas razões para que este livro seja sempre especial para nós. Algumas delas são óbvias: a quantidade recorde de fundos que arrecadamos para *Garotas Rebeldes* por meio de *crowdfunding* (mais de um milhão de dólares! *Histórias de ninar para garotas rebeldes* é o livro que mais arrecadou recursos na história do financiamento coletivo), o número espantoso de apoiadores que conseguimos em mais de setenta países e o privilégio de trabalhar com tantas artistas incrivelmente talentosas do mundo todo.

Outras razões, entretanto, são menos óbvias: as mensagens de futuras mamães e papais que nos contaram que este é o primeiro livro que compraram para suas filhas. A amiga de uma amiga a quem a campanha deu confiança para iniciar um projeto que lhe era querido, mas que ela havia deixado em suspenso por muito tempo porque... "e se eu não der conta?". O e-mail de uma mãe, feliz por ter um livro que a ajudaria a compartilhar sua visão de mundo com seus três filhos homens, não como mãe, mas como mulher. E, mais do que isso tudo, a profunda confiança que nossos apoiadores depositaram em nós.

Não é comum para as mulheres experimentar um grau de confiança tão alto. Nós nunca damos nada por garantido. Como poderíamos? A maior parte das mulheres extraordinárias apresentadas neste livro nunca vivenciou esse tipo de confiança. Fosse qual fosse a importância de suas descobertas, a audácia de suas aventuras, a amplidão de sua genialidade, foram constantemente diminuídas, esquecidas, e, em alguns casos, quase apagadas da história.

É importante que as garotas tenham consciência dos obstáculos que têm pela frente. É igualmente importante que saibam que eles não são intransponíveis – que não só podem encontrar formas de superá-los, como também de removê-los para quem vier depois, exatamente como fizeram essas grandes mulheres.

Cada uma das cem histórias que compõem este livro prova o poder que um coração cheio de confiança tem de mudar o mundo.

Que essas corajosas pioneiras lhes sirvam de inspiração. Que suas histórias transmitam a nossas filhas a sólida crença de que a beleza se manifesta em todas as formas e cores e em todas as idades. Que cada leitora saiba que o sucesso está em viver uma vida cheia de paixão, curiosidade e generosidade. Que lembremos todos os dias que temos o direito de ser felizes e de explorar esse mundão.

Agora que você tem este livro em mãos, tudo o que sentimos é esperança e entusiasmo com relação ao mundo que estamos construindo juntas. Um mundo no qual o gênero não define o tamanho de seus sonhos nem até onde você pode chegar. Um mundo em que cada uma de nós pode dizer confiantemente: "Eu sou livre".

Obrigada por fazer parte desta jornada.

Elena Favilli
Francesca Cavallo

HISTÓRIAS DE NINAR PARA GAROTAS REBELDES

ADA LOVELACE

MATEMÁTICA

Era uma vez uma garota de nome Ada que era apaixonada por máquinas. Ela também sonhava em poder voar.

Estudava os pássaros para descobrir o perfeito equilíbrio entre o tamanho da asa e o peso do corpo. Testava materiais e experimentava diferentes designs. Ela nunca conseguiu voar como um pássaro, mas criou um livro lindo, cheio de desenhos, chamado *Flyology* (*Estudo do Voo*), onde registrou todas as suas descobertas.

Certa noite, Ada foi a um baile. Lá encontrou um velho matemático rabugento chamado Charles Babbage. Ada era também uma brilhante matemática, e os dois logo se tornaram bons amigos. Charles a convidou para ver uma máquina que ele havia inventado. Ele a chamava de *Máquina Analítica*. A máquina era capaz de fazer contas de somar e de subtrair, tudo isso automaticamente! Ninguém jamais havia criado algo assim, e Ada ficou deslumbrada. "E se construíssemos uma máquina que pudesse fazer cálculos mais complicados?", ela perguntou.

Animados, Ada e Charles começaram a trabalhar. A máquina que criaram era muito grande e necessitava de um enorme equipamento movido a vapor para funcionar.

Mas Ada queria ir mais longe: "E se essa máquina pudesse tocar música e mostrar letras e números?".

Ela estava simplesmente descrevendo um computador, muito antes de os computadores modernos serem inventados!

Ada foi quem escreveu o primeiro programa para computadores da história.

10 DE DEZEMBRO DE 1815 – 27 DE NOVEMBRO DE 1852

REINO UNIDO

ILUSTRAÇÃO DE
ELISABETTA STOINICH

"ESTE MEU CÉREBRO É MAIS QUE SIMPLESMENTE MORTAL, COMO O TEMPO VAI DEMONSTRAR."
—ADA LOVELACE

ALEK WEK

SUPERMODELO

Era uma vez uma menina chamada Alek que costumava parar em uma mangueira para pegar um lanchinho na volta da escola.

Na aldeia de Alek não havia água corrente nem eletricidade. Ela precisava caminhar até um poço para pegar água potável, mas ela e a família viviam uma vida simples e feliz.

Foi então que começou uma guerra terrível e a vida dela mudou para sempre. Quando as sirenes de alarme soavam sobre a aldeia, Alek e sua família tinham de se proteger do ataque. Como era a época das chuvas, o rio transbordou. As pontes que o cruzavam estavam embaixo d'água e ela não sabia nadar. Morreu de medo de se afogar, mas a mãe a ajudou a atravessar até a outra margem em segurança. Por um tempo, a mãe de Alek passou a sair em busca de comida e para vender pacotes de sal, fez isso até conseguir juntar dinheiro o suficiente para comprar passaportes para toda a família. Assim, eles conseguiram fugir da guerra e chegar até Londres.

Um dia, Alek estava no parque quando um caça-talentos de uma famosa agência de modelos se aproximou dela. Ele queria recrutá-la para ser modelo. A mãe de Alek não queria nem ouvir falar no assunto, mas o agente insistiu até ela concordar.

Alek era tão diferente de qualquer outra modelo que logo virou uma sensação.

Ela quer que todas as meninas do planeta saibam que podem ser bonitas.

"Eu achava que as garotas precisavam conhecer alguém diferente... Não tem nada demais em ser excêntrica, tudo bem ser tímida. Você não precisa ser igual a todo mundo."

NASCIDA EM 16 DE ABRIL DE 1977

SUDÃO DO SUL

ILUSTRAÇÃO DE
BIJOU KARMAN
"QUANDO A BELEZA
VEM DE DENTRO, É
IMPOSSÍVEL OCULTÁ-LA."
—ALEK WEK

ALFONSINA STRADA

CICLISTA

Era uma vez uma garota que corria tanto com sua bike que, quando ela passava, a gente mal podia vê-la.

"Não corra desse jeito, Alfonsina!", seus pais gritavam. Tarde demais; ela já tinha passado zunindo.

Aos 20 anos de idade, Alfonsina estabeleceu um recorde de velocidade feminino que se manteve por vinte e seis anos!

Quando se casou, a família achou que ela finalmente desistiria da ideia maluca de se tornar ciclista profissional. Em vez disso, no dia do casamento, ela ganhou do marido uma bicicleta de corrida novinha. Eles se mudaram para a cidade de Milão, e Alfonsina começou a treinar profissionalmente. Ela era tão rápida e forte que alguns anos depois participou do Giro da Lombardia, uma das corridas mais difíceis do mundo. Até então, mulher alguma tinha participado dessa corrida. Dos 54 ciclistas que começaram, só 29 conseguiram cruzar a linha de chegada. Alfonsina era um deles.

Alguns anos depois, ela se inscreveu no Giro d'Italia, uma corrida de que tradicionalmente só participavam homens. Era uma corrida extenuante de 21 dias, passando por algumas das estradas montanhosas mais íngremes da Europa.

"Ela não vai conseguir", as pessoas diziam. Mas ninguém foi capaz de impedi-la. Depois de três semanas de corrida, Alfonsina terminou no 36º lugar. Foi recebida como uma heroína.

No ano seguinte, porém, ela foi impedida de competir: "O Giro d'Italia é uma corrida para homens", disseram os organizadores. Mesmo assim, ela participou. E continuou a competir com homens e mulheres na Itália, na Espanha, na França e em Luxemburgo. Ela ficaria muito feliz em saber quanto as coisas mudaram desde o aquele tempo.

16 DE MARÇO DE 1891 – 13 DE SETEMBRO DE 1959

ITÁLIA

ILUSTRAÇÃO
DE CRISTINA
PORTOLANO
"NINGUÉM PODE
DETER A MINHA
BICICLETA."
—ALFONSINA
STRADA

ALICIA ALONSO

BAILARINA

Era uma vez uma garota cega que se tornou uma grande bailarina. Seu nome era Alicia.

Alicia não nasceu cega, ela já era uma bailarina maravilhosa, com uma grande carreira pela frente, quando adoeceu. Sua visão foi ficando cada vez pior. Por isso, foi obrigada a ficar na cama por meses, sem se mover. Mas Alicia precisava dançar – então dançava do jeito que podia.

"Eu dançava na minha imaginação", ela dizia. "Cega, sem me mexer, deitada de costas na cama, eu ensinei a mim mesma a dançar *Giselle*."

Um dia, a primeira bailarina do American Ballet Theatre se machucou. E Alicia foi chamada para participar. Ela já estava parcialmente cega, mas como poderia dizer não? O balé era *Giselle*!

Logo que ela começou a dançar, o público se encantou, pois Alicia dançava com graça e confiança, mesmo não conseguindo enxergar quase nada. Ela treinou os parceiros de palco para ficarem exatamente onde precisava que estivessem no momento certo.

O estilo de Alicia era tão especial que ela foi convidada a dançar mundo afora.

Mas seu sonho era levar o balé clássico para Cuba, seu país. De volta das viagens, começou a ensinar balé clássico para as bailarinas cubanas. Ela fundou a Companhia de Balé Alicia Alonso, que depois se tornou o Balé Nacional de Cuba.

Por fim, Alicia foi nomeada como primeira bailarina absoluta, a maior honra do balé, reservada para as bailarinas que mais se destacam.

21 DE DEZEMBRO DE 1920 – 17 DE OUTUBRO DE 2019

CUBA

ILUSTRAÇÃO DE ANA JUAN

"UMA BAILARINA DEVERIA APRENDER COM TODAS AS ARTES."
—ALICIA ALONSO

AMEENAH GURIB-FAKIM

PRESIDENTA E CIENTISTA

Num país situado no oceano Índico, chamado Ilhas Maurício, vivia uma garota que queria saber tudo sobre as plantas. O nome dela era Ameenah.

Ameenah estudava a biodiversidade. Analisava centenas de ervas aromáticas, medicinais e flores. Ela começou estudando suas propriedades, depois viajou para aldeias no interior do país para aprender com os curandeiros tradicionais como eles utilizavam plantas em seus rituais. Para Ameenah, as plantas eram como amigas.

Sua árvore favorita era o baobá, pois ele é muito útil, e guarda reservas de água no tronco, as folhas podem curar infecções e as frutas (conhecidas como "pão-de-macaco") contêm mais proteína que o leite humano.

Ameenah sabia que se pode aprender muito com as plantas – como o benjoim, por exemplo. "As folhas do benjoim são muito diferentes das outras plantas," ela dizia. "Os animais não comem plantas que não reconhecem. Então, costumam não tocar no benjoim... Inteligentes, não?"

Ameenah pensava nas plantas como laboratórios vivos, biológicos, cheios de informações vitais para os humanos e outras espécies.

"Toda vez que uma floresta é derrubada, toda vez que um pântano é aterrado, um laboratório potencial se vai, para nunca mais ser recuperado."

Ameenah Gurib-Fakim foi presidenta das Ilhas Maurício de 2015 a 2018 e lutou muito em defesa dos habitantes do país: pessoas, animais e, é claro, as plantas.

NASCIDA EM 17 DE OUTUBRO DE 1959

ILHAS MAURÍCIO

ILUSTRAÇÃO DE
GERALDINE SY
"EU PENSO NÃO APENAS
COMO BIÓLOGA, MAS COMO
UMA MULHER BIÓLOGA."
—AMEENAH GURIB-FAKIM

• AMELIA EARHART •

AVIADORA

Era uma vez uma garota chamada Amelia que conseguiu guardar dinheiro para comprar um avião amarelo. Ela o chamou de *The Canary* (O Canário).

Alguns anos depois, Amelia se tornou a primeira mulher a atravessar, sozinha, de avião, o oceano Atlântico! Era um voo perigoso. Seu aviãozinho foi jogado de um lado para o outro por ventos fortes e tempestades geladas. Ela se alimentou apenas com uma lata de suco de tomate, que ia tomando por um canudinho. Depois de quase quinze horas, aterrissou em um campo na Irlanda do Norte, para surpresa das vacas que ali pastavam. Quando alguns fazendeiros se aproximaram para ver o que tinha descido do céu, Amelia gritou: "Eu sou da América!".

Amelia adorava voar e fazer coisas que ninguém havia feito antes. Seu maior desafio foi ser a primeira mulher a voar pelo mundo.

Ela levou apenas uma malinha, uma vez que o espaço do avião tinha que ser usado para armazenar combustível. Até certo ponto, correu tudo bem em seu longo voo. Entretanto, ela deveria ter pousado em uma pequena ilha chamada Howland, mas nunca chegou lá.

Em sua última transmissão, Amelia disse que estava voando em meio a nuvens e que estava ficando sem combustível. O avião desapareceu em algum lugar do oceano Pacífico e nunca foi encontrado.

Antes de partir ela escreveu: "Tenho plena consciência dos riscos. Estou fazendo isso porque quero. As mulheres precisam tentar fazer as mesmas coisa que os homens. Se elas falharem, sua falha deve se tornar um desafio para as demais."

24 DE JULHO DE 1897 – POR VOLTA DE 2 DE JULHO DE 1937

ESTADOS UNIDOS

ILUSTRAÇÃO DE
GIULIA FLAMINI
"UMA AVENTURA VALE
POR SI MESMA."
—AMELIA EARHART

• AMNA AL HADDAD •

HALTEROFILISTA

Era uma vez uma jornalista chamada Amna. Amna não era feliz. Tinha excesso de peso e estava fora de forma. Um dia, ela disse a si mesma: "Você pode fazer muito mais que isso. Você pode melhor que isso. Vá e faça alguma coisa. Faça uma caminhada." E foi o que ela fez.

Ela gostou tanto de suas caminhadas que começou a querer chegar mais longe. Passou a correr longas distâncias. A correr em alta velocidade. Começou a se exercitar na academia. Quando descobriu o levantamento de peso, deu-se conta de que aquele era seu esporte.

A vida de Amna mudou quando a Associação Internacional de Halterofilismo autorizou mulheres muçulmanas a competirem usando um macacacão (uma roupa que cobre o corpo inteiro). Ela começou competindo na Europa e nos Estados Unidos e se transformou em um ícone para garotas muçulmanas no mundo inteiro.

"Eu gosto de ser forte", diz Amna. "Ser uma garota não significa que você não pode ser tão forte quanto um garoto, ou até mais forte!"

Amna gostava tanto de levantamento de peso que começou a treinar para os Jogos Olímpicos do Rio de de Janeiro. Ela se classificou, mas, infelizmente, se machucou antes da competição.

Amna acredita que todo mundo deveria encontrar um esporte de que goste, para praticar.

"Qualquer que seja sua idade, religião ou etnia, o esporte é bom para todos", ela diz. E que conselho ela tem para dar? "Não importam os desafios, nunca se afaste dos seus sonhos. Quanto mais você persistir, mais perto estará de atingir seus objetivos. Se as coisas ficarem difíceis, seja mais resistente."

NASCIDA EM 21 DE OUTUBRO DE 1989

EMIRADOS ÁRABES UNIDOS

ILUSTRAÇÃO DE
ELINE VAN DAM
"NINGUÉM VAI ME DIZER O QUE
EU POSSO OU NÃO FAZER."
—AMNA AL HADDAD

ANN MAKOSINSKI

INVENTORA

Certa vez, uma garota chamada Ann visitou a casa de uma amiga que não tinha eletricidade. Estava escuro demais para elas estudarem!

Ann era muito boa em fabricar coisas, mas era encantada por transistores, aparelhos que regulam o fluxo da corrente elétrica. "E seu eu conseguisse inventar uma lanterna que funcione com a energia do nosso corpo?" Ann perguntou para a amiga. "Afinal, nossos corpos liberam montes de energia na forma de calor." As garotas ficaram muito animadas.

"Imagina quantas pessoas poderiam ter eletricidade se isso funcionar!"

Apesar de ter só 15 anos, Ann já tinha experiência em montar e desmontar coisas.

Então ela começou a trabalhar nessa misteriosa nova lanterna. Ela a chamou de "Lanterna Oca", porque a construiu usando uma tubo vazio de alumínio que resfria o calor que coleta da mão de quem a segura.

Quando ela apresentou sua invenção na feira de Ciências do Google, levou o prêmio de primeiro lugar!

Ela inventou uma lanterna que não precisa de pilhas, vento ou sol para funcionar – apenas o calor do corpo.

Atualmente, Ann é considerada uma das mais promissoras inventoras de nosso tempo. Seu sonho é tornar a Lanterna Oca, que dispensa pilhas, disponível para qualquer pessoa no mundo que não possa pagar pela eletricidade.

"Eu gosto da ideia de usar a tecnologia para fazer do mundo um lugar melhor e manter o meio ambiente limpo", ela costuma dizer.

NASCIDA EM 3 DE OUTUBRO DE 1997

CANADÁ

ILUSTRAÇÃO DE
CLAUDIA CARIERI
"QUEM ESTÁ VIVO
PRODUZ LUZ."
—ANN MAKOSINSKI

ANNA POLITKOVSKAYA

JORNALISTA

Houve uma época em que, na Rússia, muitos livros eram proibidos. Alguns deles eram de escritores que uma garota chamada Anna adorava. Os pais dela costumavam conseguir clandestinamente seus livros favoritos para que ela pudesse lê-los.

Anna cresceu e se tornou jornalista.

Quando a Chechênia quis se tornar uma nação independente, o governo russo enviou tropas para impedir que isso acontecesse. Uma guerra brutal começou. Anna decidiu que precisava escrever sobre o assunto, pois queria contar ao mundo o que estava realmente acontecendo na Chechênia. O governo russo não gostou nada disso.

"Por que você está pondo sua vida em risco?", a família de Anna vivia perguntando.

"O risco é parte da minha profissão", ela respondia. "Eu sei que alguma coisa pode acontecer comigo. Mas apenas quero que meus artigos tornem o mundo melhor."

Muitas coisas ruins aconteceram, mas Anna era corajosa. Certa vez, ela teve de correr uma noite inteira pelas colinas da Chechênia para fugir do Serviço Federal de Segurança Russo. Pessoas dos dois lados da guerra queriam que ela parasse de contar a verdade – chegaram até a envenenar o chá de Anna.

Apesar de todos esses perigos, ela continuou bravamente a relatar a verdade sobre tudo o que via.

Anna continuou arriscando sua vida até morrer, escrevendo a verdade para tornar o mundo um lugar melhor.

30 DE AGOSTO DE 1958 – 7 DE OUTUBRO DE 2006

RÚSSIA

ILUSTRAÇÃO DE
LEA HEINRICH
"O QUE IMPORTA É A
INFORMAÇÃO, NÃO O QUE
VOCÊ PENSA SOBRE ELA."
—ANNA POLITKOVSKAYA

ARTEMISIA GENTILESCHI

PINTORA

Era uma vez uma garota que era uma pintora incrível. Seu nome era Artemisia e ela era forte e bonita.

Seu pai, Orazio, também era pintor. Ele a treinou em seu estúdio desde pequena. Quando completou 17 anos, Artemisia já havia pintado várias obras-primas. Mesmo assim, as pessoas não acreditavam nela. "Como uma moça pode pintar assim?", cochichavam uns para os outros.

Naquela época, a maior parte das mulheres não era autorizada nem a chegar perto dos estúdios de artistas famosos.

Um dia, o pai de Artemisia pediu a um amigo, o pintor Agostino Tassi, para ensinar perspectiva a Artemisia, ou seja, como criar um espaço tridimensional em uma superfície plana.

Agostino quis que a aluna brilhante fosse também sua amante. "Prometo que vou me casar com você", ele dizia. Mas Artemisia dizia sempre que não.

As coisas ficaram tão difíceis que um dia ela finalmente contou ao pai o que estava acontecendo. O pai acreditou nela e, embora Agostino fosse um homem poderoso e um inimigo perigoso, Orazio o levou aos tribunais.

Durante o julgamento, Agostino negou ter feito qualquer coisa de errado. Artemisia sofreu uma pressão terrível, mas se manteve fiel à verdade e não deisistiu. Ao final, Agostino foi considerado culpado.

Hoje, Artemisia é considerada uma das maiores pintoras do mundo.

8 DE JULHO DE 1593 – POR VOLTA DE 1653

ITÁLIA

ILUSTRAÇÃO DE
MONICA GARWOOD
"ENQUANTO VIVER, EU TEREI
CONTROLE SOBRE A MINHA PESSOA."
—ARTEMISIA GENTILESCHI

ASHLEY FIOLEK

PILOTO DE MOTOCROSS

Um dia, uma garotinha chamada Ashley estava brincando na cozinha quando algumas panelas caíram da mesa fazendo um barulhão. Ashley nem se virou para olhar. Isso despertou uma dúvida e seus pais decidiram levá-la ao médico para testar sua audição. E foi assim que descobriram que a filha era surda.

Eles aprenderam a língua de sinais e mandaram Ashley acampar com outras crianças surdas para que ela pudesse aprender com eles e aumentar a autoconfiança.

O pai e o avô de Ashley adoravam motocicletas, por isso deram a ela uma pequena quando a garota fez 3 anos. Os três costumavam ir até a floresta para pilotá-las. Ashley adorava essas saídas, e começou a sonhar em se tornar uma piloto de motocicleta.

A maior parte das pessoas dizia que isso era impossível. "Ouvir é muito importante em corridas de motocicleta", diziam para ela. "O som do motor avisa quando é preciso mudar de marcha. Você também precisa conseguir ouvir para saber onde os outros corredores estão."

Mas Ashley era capaz de sentir, pela vibração do motor, quando era preciso mudar de marcha. Ela olhava para as sombras no canto dos olhos e sabia quando alguém se aproximava. Em cinco anos, ganhou quatro títulos nacionais.

Ela caiu muitas vezes. Quebrou o braço esquerdo, o punho direito, o tornozelo direito, a clavícula (três vezes!) e os dois dentes da frente, mas assim que se recuperava, voltava para sua moto.

Ashley tem uma caminhonete estacionada na entrada de casa. Num adesivo no para-choque está escrito: "Pode buzinar o quanto quiser, eu sou surda!".

NASCIDA EM 22 DE OUTUBRO DE 1990

ESTADOS UNIDOS

"EU NEM PENSO SOBRE AS VIBRAÇÕES; NÃO PENSO EM COISA NENHUMA. AGORA, SOU PARTE DA MINHA MOTO."
—ASHLEY FIOLEK
ILUSTRAÇÃO DE KATE PRIOR

• ASTRID LINDGREN •

ESCRITORA

Era um vez uma garota que vivia em uma fazenda com sua grande família. Ela passava os dias perambulando livre pelos campos com o irmão e as irmãs. Ela também ajudava a cuidar dos animais – não só dos pequenos, como galinhas e patos, mas dos grandes também, como as vacas e os cavalos!

Seu nome era Astrid e ela tinha um espírito muito rebelde.

Era forte, corajosa, nunca teve medo de ficar sozinha e podia fazer todo tipo de coisas: limpar, cozinhar, consertar bicicletas, andar em cima de telhados, brigar com valentões, inventar histórias fantásticas...

Isso lembra alguém que você conhece? Bom se você já leu sobre uma garotinha que era forte, corajosa, destemida chamada Pippi Meialonga, você não vai ficar surpresa se souber que Astrid é a autora dessa personagem incrível.

Quando o livro *Pippi Meialonga* foi publicado, muitos adultos o desaprovaram: "Pippi é muito rebelde", diziam. "Nossas filhas vão pensar que ser desobediente é certo." Mas as crianças, por outro lado, adoraram a Pippi. Ela não diz não sem motivo. A personagem mostrou para os jovens leitores a importância de ser independente e, ao mesmo tempo, sempre se preocupar com os outros.

Hoje em dia, *Pippi Meialonga* é um dos livros mais amados da literatura infantil. Sua autora, Astrid, continuou a escrever e a publicar muitos outros livros, sempre representando crianças fortes no controle das próprias aventuras.

Sendo assim, sempre que você se meter em encrencas por algo que fez, pegue um exemplar de *Pippi Meialonga*. Ela sempre estará lá para ajudar.

14 DE NOVEMBRO DE 1907 – 28 DE JANEIRO DE 2002

SUÉCIA

ILUSTRAÇÃO DE
JUSTINE LECOUFFE

"ELAS NÃO SÃO PLANEJADAS,
AS TRAVESSURAS;
SIMPLESMENTE ACONTECEM."
—ASTRID LINDGREN

AUNG SAN SUU KYI

POLÍTICA

Era uma vez uma jovem chamada Aung San Suu Kyi. Ela pertencia a uma rica família birmanesa que costumava viajar por vários lugares do mundo.

Suu Kyi, o marido e seus dois filhos viviam na Inglaterra quando receberam um telefonema. "Minha mãe está doente", ela disse. "Preciso voltar a Mianmar" – antigamente, o país dela era conhecido como Birmânia.

O plano era ficar lá apenas algumas semanas, mas logo que chegou, Suu Kyi se envolveu em protestos contra o ditador militar que governava o país. Ele havia tomado o poder e aprisionado todos os que se opunham a ele.

Ela se posicionou e, rapidamente, obteve apoio. O ditador se deu conta de que Suu Kyi era uma ameaça poderosa e lhe ofereceu uma escolha bastante difícil: "Você pode ir embora para não voltar nunca mais, ou ficar como prisioneira em sua casa." Suu Kyi pensou a respeito. "Vou ficar", decidiu. Passou quinze anos fechada em sua residência, espalhando mensagens de paz. Conseguiu servir de inspiração para milhões de pessoas, sem sair de casa.

Quando foi libertada, Suu Kyi foi eleita para o parlamento e, mais tarde, tornou-se conselheira de Estado de seu país. Infelizmente, o governo foi acusado de crimes horríveis. Os militares calaram jornalistas, ativistas e perseguiram o povo Rohingya,* como o ditador anterior a Suu Kyi havia feito. Como ela era líder do país, o mundo passou a vê-la de uma maneira diferente.

Algumas pessoas ainda admiram sua convicção, mas muitas acham que seus atos como chefe do Estado prevaleceram sobre as conquistas do passado, como ativista pela paz.

**Os Rohingya são um grupo étnico minoritário e predominantemente muçulmano de Mianmar.*

NASCIDA EM 19 DE JUNHO DE 1945

BURMA

ILUSTRAÇÃO DE
LIZZY STEWART
"JÁ QUE VIVEMOS
NESTE MUNDO,
TEMOS DE FAZER O
MELHOR POR ELE."
—AUNG SAN SUU KYI

BALKISSA CHAIBOU

ATIVISTA

Era uma vez uma garota que queria ser médica. Seu nome era Balkissa e ela ia muito bem na escola.

Certo dia, ela descobriu que o tio a havia prometido em casamento a um de seus primos. Balkissa ficou horrorizada. "O senhor não pode me obrigar a casar!", ela disse. "Eu quero ser médica!"

Infelizmente, o país em que Balkissa vivia permitia que a família prometesse as meninas em casamento quando ainda eram crianças. "Deixem-me ficar na escola por mais cinco anos!", Balkissa pediu.

Os pais concordaram em adiar o casamento, mas, cinco anos depois, a paixão da jovem por aprender tinha ficado ainda mais forte. Por isso, na noite anterior ao casamento, Balkissa fugiu de casa e correu até a delegacia mais próxima, para pedir ajuda. Ela decidiu processar o tio. Estava morrendo de medo que a família toda se voltasse contra ela, mas a mãe, sem contar nada a ninguém, a incentivou a continuar lutando. O juiz ficou do lado de Balkissa e, quando o tio a ameaçou, ele foi forçado a deixar o país. "Quando vesti meu uniforme escolar", ela diz, "senti que minha vida tinha começado de novo."

Balkissa ingressou na faculdade de Medicina. Atualmente, ela é médica, visita escolas e conversa com chefes tribais sobre o direito ao estudo. Faz intensas campanhas para que outras meninas possam seguir seu exemplo e dizer "não" para o casamento forçado.

"Estude o máximo que puder", ela diz para as outras garotas. "Estudar é a única esperança de futuro."

NASCIDA EM 1995

NÍGER

ILUSTRAÇÃO DE
PRIYA KURIYAN
"EU VOU MOSTRAR PARA
TODOS O QUE POSSO FAZER
COM A MINHA VIDA."
—BALKISSA CHAIBOU

BRENDA CHAPMAN

DIRETORA DE ARTE

Era uma vez uma garota que tinha o cabelo encaracolado e adorava desenhar. Seu nome era Brenda. Quando tinha 15 anos, Brenda telefonou para os estúdios da Disney e disse: "Eu desenho muito bem. Vocês me dariam um emprego?". Eles disseram que voltasse a procurá-los quando fosse mais velha e tivesse mais experiência em desenho.

Foi exatamente isso o que ela fez. Estudou animação de personagens na universidade CalArts* e, alguns anos depois, encontrou-se onde sempre havia sonhado estar: trabalhando para a Disney, em Los Angeles.

Logo Brenda descobriu que era uma das poucas mulheres animadoras na Disney. Ela desconfiou que era por isso que as princesas dos filmes sempre pareciam tão impotentes. Prometeu a si mesma que ia criar um novo tipo de princesa: forte, independente e... "Valente", ela pensou. "Que nome incrível para um filme!"

A princesa Merida, protagonista da animação Valente, é tudo, menos indefesa. É uma arqueira fantástica que sai galopando em seu cavalo, lutando com ursos e vivendo aventuras incríveis.

Para criá-la, Brenda se inspirou em sua própria filhinha, Emma – uma garota forte, com espírito livre, igualzinha à mãe! "Ela é a minha Merida... eu a amo."

Brenda ganhou um Oscar e um Globo de Ouro por seu filme. Ela também trabalhou em muitos outros filmes premiados, como *A Bela e a Fera* e *Rei Leão*. Foi a primeira mulher a dirigir uma animação para um grande estúdio de Hollywood, com o filme *O Príncipe do Egito*.

* *California Institute of the Arts. Escola de Artes em Santa Clarita, Califórnia.*

NASCIDA EM 1° DE NOVEMBRO DE 1962

ESTADOS UNIDOS

ILUSTRAÇÃO DE PALESA MONARENG

"DESENHO DESDE PEQUENA – E QUERO DESENHAR DURANTE TODA A MINHA CARREIRA."
—BRENDA CHAPMAN

IRMÃS BRONTË

ESCRITORAS

Em uma casa gelada e sombia no norte da Inglaterra viviam três irmãs: Charlotte, Emily e Anne. Elas estavam sempre sozinhas, por isso, escreviam histórias e poemas para entreterem umas às outras.

Certo dia, Charlotte decidiu enviar alguns poemas para um famoso poeta, para saber a opinião dele. O homem os desprezou e respondeu que "Literatura não pode ser, e nunca será, trabalho para uma mulher."

Charlotte, no entanto, continuou a escrever.

Uma noite, ela encontrou um caderno aberto sobre a mesa de Emily. "Por que você ainda não mostrou seus poemas para nós?", Charlotte perguntou. "Eles são lindos!" Emily ficou furiosa com a irmã por ter lido os escritos sem sua permissão. Mas logo que Emily se acalmou, Charlotte perguntou: "Por que não escrevemos um livro de poesia, as três juntas?" Emily e Anne concordaram.

Quando finalmente conseguiram publicar o livro, ele vendeu apenas dois exemplares. Mas elas não desistiram. Continuaram trabalhando em segredo e discutindo o que escreviam durante o jantar. Desta vez, cada uma trabalhou em um romance.

Quando os romances foram publicados, fizeram um tremendo sucesso. As pessoas daquela época não podiam crer que haviam sido escritos por três garotas que viviam no campo, por isso as irmãs tiveram de viajar até Londres para provar que eram as verdadeira autoras.

Os livros das irmãs Brönte foram traduzidos para muitas línguas diferentes e lidos por milhões de pessoas mundo afora.

CHARLOTTE, 21 DE ABRIL DE 1816 – 31 DE MARÇO DE 1855
EMILY, 30 DE JULHO DE 1818 – 19 DE DEZEMBRO DE 1848
ANNE, 17 DE JANEIRO DE 1820 – 28 DE MAIO DE 1849

REINO UNIDO

ILUSTRAÇÃO DE ELISABETTA STOINICH

"NÃO SOU NENHUM ANJO
E NÃO SEREI ATÉ MORRER:
SEREI SEMPRE EU MESMA."
—CHARLOTTE BRONTË

CATARINA, A GRANDE

IMPERATRIZ

Era uma vez uma rainha que detestava o marido. Ela se chamava Catarina, e seu marido, Pedro, era o czar da Rússia. O povo russo achava que ele era mau e arrogante.

Catarina sabia que seria capaz de governar o país melhor que ele. Só precisava encontrar um jeito de tomar seu lugar.

Seis meses depois de se tornar imperador, Pedro saiu de férias, deixando Catarina para trás. Essa era sua chance.

Ela fez um discurso vibrante para os soldados reais, para ganhar sua confiança. Eles deixaram de ser leais a Pedro, transferindo a lealdade para Catarina, e um padre a declarou a nova governante da Rússia. Ela, então, encomendou uma coroa devidamente magnífica para si mesma.

A coroa magnífica de Catarina levou dois meses para ser confeccionada! Era feita de ouro e prata, incrustrada com 4.936 diamantes, 75 pérolas e um imenso rubi no alto.

Uma das coisas que ela fez como imperatiz foi ordenar que o marido fosse colocado na prisão.

Durante seu reinado, Catarina expandiu o império russo, vencendo muitas guerras e levantes.

Muitas pessoas tinham inveja da imperatriz. Começaram a dizer coisas horríveis a respeito dela, por suas costas, enquanto era viva e, depois que ela morreu, disseram que ela devia ter caído da privada. Na verdade, ela morreu em sua cama e foi enterrada em uma tumba dourada na catedral de São Pedro e São Paulo, em São Petesburgo.

2 DE MAIO DE 1729 – 17 DE NOVEMBRO DE 1796

RÚSSIA

ILUSTRAÇÃO DE
MARIJKE BUURLAGE
"SOU DAQUELAS
PESSOAS QUE GOSTAM
DE SABER O PORQUÊ
DE TUDO."
—CATARINA, A GRANDE

CHOLITAS ESCALADORAS

MONTANHISTAS

Certa vez, aos pés de uma bela montanha na Bolívia, vivia uma mulher chamada Lidia Huayllas. Durante toda a sua vida, Lidia e suas amigas tinham cozinhado para alpinistas antes de eles partirem do acampamento de base para escalar as montanhas. Ela costumava observá-los pondo o capacete, predendo as mochilas, amarrando as botas e enchendo garrafas de água. Ela os observava com um brilho de interesse nos olhos.

Lidia e as outras mulheres não tinham ideia de como era o topo da montanha. Os maridos sabiam, e os filhos também. Eles trabalhavam como guias e carregadores, levando grupos de alpinistas até lá em cima e trazendo-os de volta sãos e salvos, enquanto as mulheres ficavam no campo, no vale.

Um dia, Lidia disse para as outras mulheres: "Vamos subir e ver com nossos próprios olhos."

Enquanto as mulheres calçavam as botas e prendiam nelas os grampos de segurança, debaixo das longas e coloridas saias (chamadas *polleras*), os homens começaram a rir. "Vocês não podem subir usando *polleras*", eles diziam. "Precisam usar roupas adequadas para alpinismo."

"Nada a ver", Lidia disse, pondo seu capacete. "Nós podemos usar o que quisermos. Nós somos as *cholitas escaladoras*!" Por entre tempestades de neve e ventos fortes, as mulheres subiram em todos os cumes, um por um. "Nós somos fortes. Queremos escalar oito montanhas", elas disseram.

Enquanto você lê, elas provavelmente estão vagando pela neve, com o vento agitando suas saias multicoloridas, cheias de entusiasmo por ver o mundo de um novo cume de montanha.

FUNDADO EM 2015

BOLÍVIA

ILUSTRAÇÃO DE SARAH WILKINS

"ESTAR NO TOPO É MARAVILHOSO. É OUTRO MUNDO."
—LIDIA HUAYLLAS

CLAUDIA RUGGERINI

PARTISAN

Era uma vez uma garota que precisou trocar de nome. "Oi, Marisa!", diziam seus amigos. Ninguém podia saber que seu nome verdadeiro era Claudia. Era muito perigoso. Claudia vivia na Itália em um tempo em que o país era governado por um tirano chamado Benito Mussolini. Durante a ditadura de Mussolini, era proibido ler determinados livros, assistir a determinados filmes, ninguém podia expressar opiniões nem votar.

Claudia acreditava na liberdade e decidiu lutar contra esse homem com toda a sua força, então ela se juntou a um grupo de *partisans* (*partigiani*, em italiano) para ajudar a derrubar o ditador.

O grupo a que Claudia pertencia era composto por estudantes universitários. Eles se encontravam em segredo após as aulas para escrever o próprio jornal. Mas como conseguiriam divulgar sua mensagem, com a polícia de Mussolini em todo lugar?

Claudia era incrivelmente corajosa. Durante quase dois anos, andava de bicicleta distribuindo jornais e mensagens de um local secreto para outro.

Um dia, o regime finalmente caiu. A rádio nacional anunciou que a Itália estava livre do fascismo e as pessoas saíram às ruas para comemorar.

Claudia – ou Marisa – tinha uma última tarefa. Com um grupo pequeno de *partisans*, ela invadiu o escritório de um jornal diário italiano, o *Corriere della Sera* (Correio da Noite) e o liberou oficialmente, depois de vinte anos de censura. Finalmente, eles estavam livres para imprimir notícias reais e verdadeiras – e os amigos de Claudia podiam, enfim, chamá-la por seu nome verdadeiro.

FEVEREIRO DE 1922 – 4 DE JULHO DE 2016

ITÁLIA

ILUSTRAÇÃO DE
CRISTINA PORTOLANO

"MAIS FORTE QUE O
MEDO É O DESEJO DE
LUTAR POR LIBERDADE."
—CLAUDIA RUGGERINI

CLEÓPATRA

FARAÓ

Certa vez, no Antigo Egito, um faraó morreu, deixando o reino para o filho de 10 anos, Ptolomeu XIII, e para a filha mais velha de 18, chamada Cleópatra.

Os dois tinham ideias tão diferentes sobre como governar que Cleópatra foi expulsa do palácio e uma guerra civil começou.

Júlio César, o imperador de Roma, viajou até o Egito para ajudar Cleópatra e Ptolomeu a chegarem a um acordo. "Se eu pudesse pelo menos encontrar Júlio César antes do meu irmão", Cleópatra pensou, "eu poderia convencê-lo de que sou uma faraó melhor que Ptolomeu." Mas ela havia sido banida do palácio, e os guardas impediriam sua entrada.

Cleópatra ordenou a seus servos que a enrolassem em um tapete e a carregassem escondida até os aposentos de César. Impressionado com a ousadia, César restituiu o trono a Cleópatra. Eles se tornaram um casal e tiveram um filho. Cleópatra se mudou para Roma, mas voltou ao Egito depois que César foi assassinado.

O novo dirigente romano, Marco Antônio, que tinha ouvido falar dessa rainha egípcia tão forte, quis conhecê-la. Dessa vez, ela chegou em uma barcaça dourada, envolvida em joias preciosas e seda.

Foi amor à primeira vista. Cleópatra e Marco Antônio passaram a ser inseparáveis. Tiveram três filhos e se amaram até o fim da vida.

Quando Cleópatra morreu, seu império morreu com ela. Ela foi a última faraó a reinar no Antigo Egito.

POR VOLTA DE 69 A.C. – 12 DE AGOSTO DE 30 A.C.

EGITO

ILUSTRAÇÃO DE
KIKI LJUNG
"NINGUÉM VAI
CONSEGUIR ME
VENCER."
—CLEÓPATRA

COCO CHANEL

ESTILISTA DE MODA

Era uma vez uma garota que morava em um convento, no área central da França, cercada de freiras vestidas em branco e preto. Seu nome era Gabrielle Chanel.

No convento, as meninas aprendiam a costurar, mas não tinham muitas cores disponíveis com as quais trabalhar. Elas utilizavam o mesmo tecido que as freiras, então até as bonecas eram vestidas em branco e preto!

Quando cresceu, Gabrielle passou a trabalhar como costureira de dia e como cantora à noite. Os soldados para quem cantava no bar a chamavam de Coco, e o apelido a acompanhou pelo resto da vida.

O sonho de Coco era ter a própria butique, em Paris. Um dia, um amigo rico lhe emprestou o dinheiro que faria com que esse sonho se tornasse realidade.

As roupas que Coco criava eram fabulosas, mesmo quando se tratava de modelos simples. "Onde você comprou essa roupa?", as madames ricas francesas lhe perguntavam. "Fui eu mesma quem a fez", ela respondia. "Venha até minha butique que eu farei uma para você também."

Os negócios cresceram rapidamente, e logo Coco pôde pagar o dinheiro que fora emprestado pelo amigo.

O modelo de maior sucesso era o clássico "vestidinho preto". Ela transformou a cor que sempre havia sido associada a funerais em um traje perfeito para uma noite glamorosa. Os modelos de muitas das roupas que usamos evidenciam a forte influência de Coco Chanel.

Infelizmente, sua aproximação com os nazistas, durante a Segunda Guerra, marcou negativamente seu legado, mas seus modelos pioneiros são prestigiados até hoje.

19 DE AGOSTO DE 1883 – 10 DE JANEIRO DE 1971

FRANÇA

ILUSTRAÇÃO DE
KAROLIN SCHNOOR

"HÁ PESSOAS QUE VEEM O LUXO COMO O OPOSTO DA POBREZA. NÃO É VERDADE. O LUXO É O OPOSTO DA VULGARIDADE."
—COCO CHANEL

• CORA CORALINA •

POETA E CONFEITEIRA

Era uma vez uma garotinha chamada Cora que vivia em uma casa ao lado de uma ponte. Cora sabia que era uma poeta, mas sua família não pensava do mesmo jeito. Eles não queriam que ela lesse livros, nem que frequentasse a escola depois de estar alfabetizada. Achavam que a tarefa de Cora era, a partir de então, encontrar um bom marido e constituir uma família.

Quando cresceu, ela se apaixonou por um homem, os dois se casaram e se mudaram para uma grande cidade, onde tiveram seis filhos. Ela trabalhava muito para garantir que seus filhos pudessem frequentar a escola.

A vida de Cora era muito atarefada, mas ela jamais se esqueceu de que era uma poeta. Escrevia todos os dias, sem pular nenhum.

Quando fez 60 anos, Cora voltou a morar na casa ao lado da ponte. Foi quando decidiu que era a hora de começar sua carreira de poeta. Ela ainda precisava de dinheiro, então começou a fazer bolos para vender na porta de casa, ao mesmo tempo em que escrevia seus poemas.

Os poemas de Cora começaram a ser apreciados por outros poetas e escritores. Ela ganhou prêmios e medalhas e, aos 76 anos, publicou seu primeiro livro.

Jornalistas do Brasil inteiro – seu país – foram entrevistá-la, enquanto ela assava seus bolos. E quando eles iam embora, ela voltava à sua escrivaninha e começava a escrever de novo, cercada pelo cheiro delicioso de tortas, biscoitos e bolos.

20 DE AGOSTO DE 1889 – 10 DE ABRIL DE 1985

BRASIL

ILUSTRAÇÃO DE
ELENIA BERETTA
"SOU AQUELE TIPO DE MULHER
QUE ESCALOU A MONTANHA
DA VIDA, REMOVENDO PEDRAS
E PLANTANDO FLORES."
—CORA CORALINA

COY MATHIS

ESTUDANTE DO ENSINO BÁSICO

Certa vez, nasceu uma criança que recebeu o nome de Coy. Quando nasceu, os médicos disseram que era um menino.

Mas Coy gostava de ser chamada de "ela". Preferia vestidos e sapatos brilhantes a usar roupas feitas para meninos. Então, seus pais deixaram que ela vestisse o que quisesse.

Uma noite, Coy perguntou para a mãe: "Quando a gente vai ao médico para que eu vire uma menina de verdade?"

O médico explicou que, em geral, os meninos se sentem bem sendo meninos e as meninas, sendo meninas. Mas havia alguns meninos que sabiam que eram meninas, assim como algumas meninas que sabiam ser meninos. Eram chamadas "transgêneros", e Coy era uma garota transgênero. Ela havia nascido no corpo de um menino, mas, no fundo, sabia que era uma garota.

Desse dia em diante, a mãe e o pai de Coy pediram a todo mundo para tratá-la como menina.

Quando ela entrou na escola, porém, a família enfrentou um problema inesperado. "Coy precisa escolher entre usar o banheiro dos meninos ou o banheiro para crianças com deficiência", disseram os professores.

Mas Coy não era menino, nem tinha uma deficiência. "A escola está sendo malvada comigo", ela reclamou.

Os pais de Coy foram conversar com um juiz. O juiz pensou no assunto e decidiu: "Coy deve ser autorizada a usar o banheiro que quiser."

Os pais de Coy deram uma grande festa, com um bolo enorme, para comemorar a decisão do juiz a favor deles.

NASCIDA POR VOLTA DE 2007

ESTADOS UNIDOS

ILUSTRAÇÃO DE
MARTA LORENZON

"EU QUERO IR À ESCOLA. A GENTE JOGA BOLA NA HORA DO RECREIO."
—COY MATHIS

ELIZABETH I

RAINHA

Era uma vez um rei que queria deixar seu reino para um filho homem. Quando a rainha, sua esposa, deu à luz uma menina, o rei Henrique VIII ficou tão furioso que a abandonou, expulsou a criança do palácio e se casou com outra mulher. Ele pensava que só um homem poderia governar o país depois de sua morte, e ficou felicíssimo quando sua nova esposa deu à luz um menino: Edward.

Enquanto isso, a filha de Henrique, Elizabeth, cresceu e se tornou uma garota animada e brilhante, com um impressionante cabelo vermelho e um temperamento terrível.

Edward tinha apenas 9 anos quando o pai morreu e ele se tornou rei. Alguns anos mais tarde, ele também ficou doente e morreu, e sua irmã, Mary, se tornou rainha. Mary começou a achar que Elizabeth estava tramando algo contra ela, então mandou trancá-la na Torre de Londres.

Certo dia, os guardas da Torre invadiram sua cela. "A rainha está morta", eles gritavam. Então se ajoelharam diante dela. Elizabeth, em um instante, se transformou de prisioneira da Torre de Londres em nova rainha da Inglaterra.

Sua corte abriu espaço para músicos, poetas, pintores e teatrólogos. O mais famoso foi William Shakespeare, cujas peças Elizabeth adorava. Ela vestia trajes suntuosos decorados com pérolas e rendas. Nunca se casou, pois valorizava a própria independência – tanto quanto a de seu país.

O povo a amava muito, e, quando ela morreu, os londrinos tomaram as ruas para chorar pela maior rainha que haviam conhecido.

7 DE SETEMBRO DE 1533 – 24 DE MARÇO DE 1603

REINO UNIDO

ILUSTRAÇÃO DE
ANA GALVAÑ

"UMA CONSCIÊNCIA
CLARA E INOCENTE
NADA TEM A TEMER."
—ELIZABETH I

EUFROSINA CRUZ

ATIVISTA E POLÍTICA

Quando o pai de Eufrosina lhe disse que mulheres só sabiam fazer tortilhas e filhos, ela caiu no choro e prometeu que ia provar a ele que aquilo não era verdade. "Você pode sair desta casa, mas não conte com um centavo de minha parte", ele disse.

Eufrosina começou vendendo chiclete e frutas na rua para pagar seus estudos. Ela se formou em contabilidade e voltou para casa com o emprego de professora. Ela dava aulas para jovens garotas indígenas como ela própria, para que elas também pudessem encontrar força e recursos para construírem a própria vida.

Um dia, ela resolveu se candidatar a prefeita de sua cidade. Recebeu muitos votos, mas, apesar disso, os homens da cidade cancelaram a eleição. "Uma mulher como prefeita? Que ridículo!", eles disseram. Furiosa, Eufrosina se esforçou ainda mais. Fundou uma organização chamada Quiego para ajudar mulheres indígenas a lutar por seus direitos. O símbolo de sua organização era um lírio branco.

"Onde quer que eu vá, levo comigo essa flor para lembrar às pessoas que as mulheres indígenas são como ela: naturais, bonitas e resistentes", Eufrosina dizia.

Alguns anos depois, ela se tornou a primeira mulher indígena a ser presidente do congresso do México. Quando a primeira-dama do país foi visitá-la, Eufrosina caminhou pelas ruas de braços dados com ela, na frente da população local.

Ela mostrou ao pai – e ao mundo todo – que não há nada que as fortes mulheres indígenas do México não podem fazer.

NASCIDA EM 1° DE JANEIRO DE 1979

MÉXICO

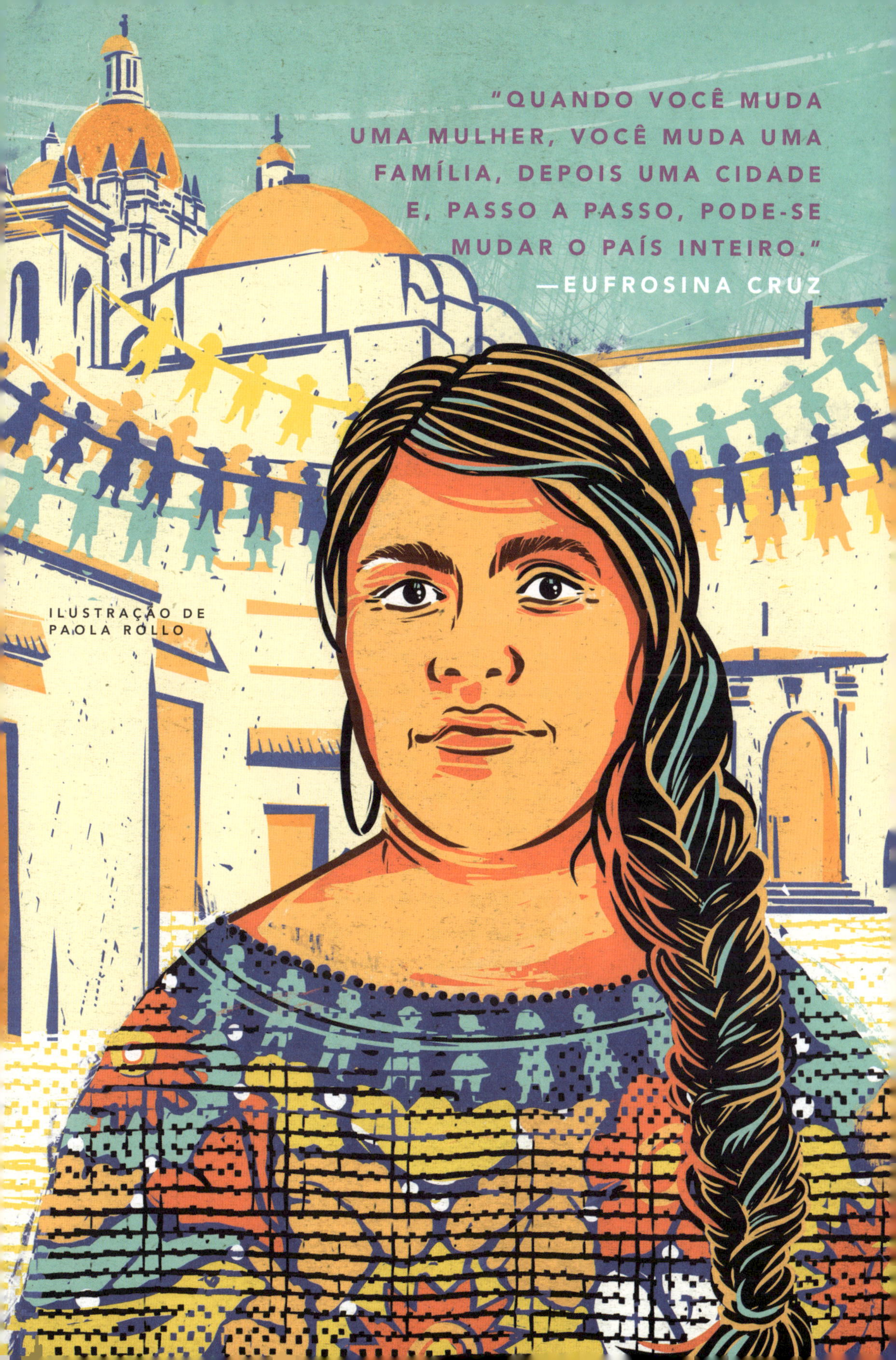
"QUANDO VOCÊ MUDA
UMA MULHER, VOCÊ MUDA UMA
FAMÍLIA, DEPOIS UMA CIDADE
E, PASSO A PASSO, PODE-SE
MUDAR O PAÍS INTEIRO."
—EUFROSINA CRUZ
ILUSTRAÇÃO DE
PAOLA ROLLO

• EVITA PERÓN •

POLÍTICA

Era uma vez, na América do Sul, uma garota bonita chamada Eva. Quando era criança, ela sonhava em fugir da sua vida de pobreza e virar uma atriz famosa, uma estrela de cinema.

Quando tinha apenas 15 anos, Eva se mudou para a grande cidade de Buenos Aires. Com seu talento, boa aparência e determinação, ela logo se tornou uma célebre atriz nos palcos e também no rádio. Mas Eva queria mais. Queria judar as pessoas menos favorecidas que ela.

Certa noite, em uma festa, ela conheceu o coronel Juan Perón, um político poderoso. Eles se apaixonaram e, logo em seguida, se casaram.

Quando Juan Perón se elegeu presidente da Argentina um ano depois, Eva logo ficou conhecida pelo seu apelido afetivo, Evita. O povo amava sua paixão e seu compromisso em ajudar os pobres. Ela lutou bravamente pelos direitos das mulheres e ajudou-as a conquistar o direito de voto.

Tornou-se uma figura tão lendária que foi convidada a se candidatar a vice-presidente para ajudar o marido a governar. Embora ela fosse amada pelos pobres, muitos dos poderosos começaram a temer seu carisma e poder. "Eles não conseguem lidar com uma mulher jovem e bem-sucedida", ela costumava dizer.

Depois de descobrir que estava seriamente doente, Evita decidiu não concorrer, mas ajudou o marido a conquistar seu segundo mandato como presidente. Quando, alguns meses depois, ela faleceu, o anúncio de sua morte foi feito pela rádio nacional: "Perdemos a líder espiritual de nossa nação."

7 DE MAIO DE 1919 – 26 DE JULHO DE 1952

ARGENTINA

ILUSTRAÇÃO DE
CRISTINA AMODEO

"VOCÊ PRECISA QUERER! VOCÊ TEM O DIREITO DE PERGUNTAR! VOCÊ PRECISA DESEJAR!"

—EVITA PERÓN

FADUMO DAYIB

POLÍTICA

Era uma vez uma garota que passou a infância fugindo da guerra. Fadumo e sua família tinham de estar sempre um passo à frente da luta e, por isso, ela não pôde frequentar a escola. Só conseguiu aprender a ler e escrever aos 14 anos.

Um dia, a mãe lhe disse: "Você precisa deixar o país. Pegue seu irmão e sua irmã e vá!". Fadumo sabia que a mãe estava certa. A Somália, um país destruído pela guerra, era um dos lugares mais perigosos do mundo para as crianças.

Quando finalmente chegaram na Finlândia, Fadumo e o irmão puderam fazer tudo o que as crianças podem fazer quando vivem em um país pacífico e democrático. Eles tinham uma casa e camas. Tinham comida todos os dias. Podiam brincar e ir à escola. Ninguém batia neles e podiam ir ao médico se estivessem doentes. Mas Fadumo nunca se esqueceu da Somália.

Queria aprender tudo o que pudesse para voltar ao seu país para ajudar o povo a reconquistar a liberdade e a paz. Depois de concluir o mestrado em enfermagem, ela deixou a família na Finlândia e começou a trabalhar nas Nações Unidas para instalar hospitais em toda a Somália.

"Eu preciso estar lá", ela disse para o marido.

Em 2016, Fadumo se tornou a primeira mulher a ser candidata a presidente em seu país. Nenhuma mulher somali havia concorrido à presidência antes porque era extremamente perigoso. Mas ela não teve dúvidas: "Minha mãe sempre me disse: 'As possibilidades estão na palma de sua mão'. E era verdade".

NASCIDA EM 1972

SOMÁLIA

ILUSTRAÇÃO DE
LEA HEINRICH
"NÃO VAMOS MAIS NEGOCIAR
NOSSO DIREITO DE EXISTIR."
—FADUMO DAYIB

• FLORENCE NIGHTINGALE •

ENFERMEIRA

Certa vez, um casal viajava pela Itália quando seu bebê nasceu. Era uma menina, e eles decidiram dar a ela o nome da bela cidade de seu nascimento, assim a chamaram de Florence.

Florence adorava viajar, adorava matemática e ciências e recolher informações. Cada vez que ia a um novo lugar, ela anotava quantas pessoas viviam lá, quantos hospitais havia e de que tamanho era a cidade.

Ela adorava números.

Florence estudou enfermagem e se tornou tão boa no trabalho que o governo de seu país, a Inglaterra, a enviou para a Turquia, para administrar um hospital para soldados feridos na guerra.

Logo que chegou, Florence começou a recolher e a examinar todos os soldados que podia encontrar. Ela descobriu que a maioria dos soldados morria não por causa de seus ferimentos, mas por conta de infeções e doenças contraídas no hospital.

"A primeira exigência a que um hospital deve atender é a de que nele ninguém adoeça e que ele não faça mal a ninguém", ela disse.

Florence, então, garantiu que todos os que trabalhavam no hospital lavassem as mãos frequentemente e que mantivessem tudo limpo. À noite, ela fazia sua ronda carregando uma lamparina e conversando com os pacientes para lhes dar esperança.

Graças a ela, muitos soldados puderam voltar bem para casa, e ela ficou conhecida como "A Dama da Lamparina".

12 DE MAIO DE 1820 – 13 DE AGOSTO DE 1910

REINO UNIDO

ILUSTRAÇÃO DE
DALILA ROVAZZANI
"ATRIBUO MEU SUCESSO
AO SEGUINTE: EU NUNCA
DOU NEM ACEITO
NENHUMA DESCULPA."
—FLORENCE NIGHTINGALE

FRIDA KAHLO

PINTORA

Era uma vez uma casa azul-claro perto da cidade do México, onde vivia uma garotinha chamada Frida. Ao crescer, ela se tornaria uma das pintoras mais famosas do século XX. Mas por pouco não conseguiu chegar à vida adulta.

Quando estava com 6 anos, ela quase morreu de poliomielite. A doença a deixou permanentemente manca de uma perna, mas não a impediu de brincar, nadar e brigar como todas as crianças.

Então, quando estava com 18 anos, Frida sofreu um terrível acidente de ônibus. Ela quase morreu de novo – e, mais uma vez, passou meses na cama. Sua mãe fez para ela um cavalete especial para que pudesse pintar enquanto estava deitada, pois, mais que tudo, Frida adorava pintar.

Quando conseguiu andar de novo, ela foi conhecer o artista mais famoso do México, Diego Rivera. "Minhas pinturas são boas?", ela perguntou a Diego. Suas pinturars eram excepcionais! Audaciosas, brilhantes e bonitas. Ele se apaixonou pelas pinturas – e também por Frida.

Diego e Frida se casaram. Ele era um homem grande, que usava um enorme chapéu de abas. Perto dele, ela parecia minúscula. As pessoas os chamavam de "o elefante e a pomba".

Durante sua vida, Frida pintou centenas de belos autorretratos, sempre cercada pelos animais e pássaros que tinha. Depois de sua morte, a casa azul em que vivia foi mantida do jeitinho que ela a deixou, cheia de cor, alegria e flores.

6 DE JULHO DE 1907 – 13 DE JULHO DE 1954

MÉXICO

ILUSTRAÇÃO DE
HELENA MORAIS SOARES
"PÉS, PARA QUE VOS
QUERO, SE TENHO
ASAS PARA VOAR?"
—FRIDA KAHLO

GRACE HOPPER

CIENTISTA DA COMPUTAÇÃO

Era uma vez uma garota chamada Grace que tinha muita vontade de saber como funcionavam os despertadores. Por isso, ela começou a desmontar todos os relógios que encontrava. Primeiro um, depois outro, depois um terceiro... Quando chegou ao sétimo, sua mãe se deu conta de que não havia mais relógios na casa e pediu que ela parasse!

Grace continuou mexendo com todas as coisas que achava interessantes. Por fim, ela se tornou professora de Matemática e Física. Durante a Segunda Guerra Mundial, ela se alistou na Marinha, como o seu bisavô, que havia sido almirante, e foi designada para trabalhar em um projeto especial.

"Venha conhecer o Mark", disseram a ela. Ela entrou em uma sala, mas, em vez de uma pessoa, foi apresentada a um computador! Chamado de Mark I, ele tomava a sala toda e – uma vez que era o primeiro do mundo – ninguém sabia bem como utilizá-lo. Então Grace começou a estudá-lo. Deu muito trabalho, mas graças aos programas que ela criou para Mark I e seus sucessores, os militares de seu país conseguiram decodificar mensagens secretas enviadas pelos oponentes durante a guerra.

Quando ficou idosa, Grace tentou se aposentar mais de uma vez, mas sempre a chamavam de volta por causa de seu conhecimento extraordinário. Ela acabou se tornando uma almirante, assim como seu bisavô.

Durante toda a sua vida, Grace ia dormir cedo e acordava às cinco da manhã para trabalhar em programação de computadores. Ela nunca deixou de ser curiosa, e seu trabalho incrível mostrou ao mundo o que os computadores são capazes de fazer.

9 DE DEZEMBRO DE 1906 – 1° DE JANEIRO DE 1992

ESTADOS UNIDOS

ILUSTRAÇÃO DE
KIKI LJUNG
"SE A IDEIA
É BOA, VÁ
EM FRENTE E
EXECUTE-A."
—GRACE HOPPER

GRACE O'MALLEY

PIRATA

Era uma vez uma ilha verde onde morava uma garota com um cabelo muito longo e ruivo. Seu nome era Grace.

Quando o vento assobiava e as ondas do mar batiam nas rochas, Grace se postava no alto de um penhasco e sonhava em navegar em meio a mares bravos. "Garotas não podem ser marinheiros", o pai lhe dizia. "E, além disso, seu cabelo comprido pode se enroscar nos equipamentos do navio."

Grace não gostou nada de ouvir isso. Cortou o cabelo bem curto e passou a se vestir com roupas de menino para provar à família que ela também poderia levar a vida no mar.

Um dia, finalmente, o pai concordou em levá-la para navegar, mas com uma condição: "Se toparmos com algum navio pirata, esconda-se debaixo do convés", ele disse. Entretanto, eles foram atacados e, quando isso aconteceu, Grace se agarrou ao cordame do navio e saltou por trás dos piratas! O ataque-surpresa funcionou, e eles botaram os piratas para correr.

Grace era uma grande marinheira, mas queria fazer algo mais excitante do que simplesmente pescar. Ela se tornou uma pirata e, quando os ingleses atacaram seu castelo, fugiu para o mar, em vez de se submeter ao governo inglês. Grace foi tão bem-sucedida que logo se tornou dona da própria frota de navios, assim como de várias ilhas e castelos espalhados pela costa oeste da Irlanda.

Quando os ingleses capturaram seus filhos, Grace navegou até a Inglaterra para encontrar a rainha Elizabeth I e tentar salvá-los. Para surpresa de todos, a rainha e Grace ficaram amigas. A rainha devolveu os filhos e as propriedades, e Grace ajudou-a a lutar contra a França e a Espanha, inimigos da Inglaterra.

POR VOLTA DE 1530 – 1603

IRLANDA

ILUSTRAÇÃO DE
KATHRIN HONESTA

HARRIET TUBMAN

DEFENSORA DA LIBERDADE

Certo dia, uma garota estava parada diante de uma mercearia no estado de Maryland, no nordeste dos Estados Unidos, quando um homem negro passou correndo. Ele estava sendo perseguido por um homem branco que gritava: "Segure aquele homem, ele é meu escravo!"

A garota nem se moveu. Ela ficou torcendo para o homem escapar. Seu nome era Araminta, tinha 12 anos e também era uma pessoa escravizada. Nesse momento, o homem branco atirou um objeto pesado na direção do fugitivo. Mas o objeto acabou atingindo Araminta na cabeça. Ela ficou bastante ferida, porém dizia com orgulho: "Meu cabelo volumoso, nunca penteado, salvou minha vida".

Alguns anos depois, ela se casou com um homem chamado John Tubman e mudou seu nome para Harriet, nome de sua mãe. Então, a família que a mantinha escravizada quis vendê-la, e Harriet decidiu fugir.

Harriet se escondia durante o dia e viajava durante a noite. As estrelas cintilantes lhe serviam de guia enquanto ela abria caminho em meio à escuridão. Quando atravessou a fronteira do estado da Pennsylvania, onde a escravidão já havia sido abolida, deu-se conta de que, pela primeira vez na vida, estava livre. "Olhei para minhas mãos para ver se eu ainda era a mesma pessoa, agora que estava livre. Sentia um esplendor ao meu redor... como se eu estivesse no paraíso."

Ela pensou nas pessoas ainda escravizadas que lutavam pela liberdade, e em sua própria família, em Maryland. Sabia que precisava ajudá-los. Durante os onze anos seguintes, voltou dezenove vezes para seu estado, para resgatar centenas de pessoas escravizadas. Harriet nunca foi capturada e nunca perdeu nenhuma das pessoas que foi resgatar.

POR VOLTA DE 1822 – 10 DE MARÇO DE 1913

ESTADOS UNIDOS

"EU OUVI SEUS GEMIDOS E SOLUÇOS E VI SUAS LÁGRIMAS, E DARIA CADA GOTA DE SANGUE EM MINHAS VEIAS PARA LIBERTÁ-LOS."
—HARRIET TUBMAN

HATSHEPSUT

FARAÓ

Há muito tempo, existiu uma mulher que governou o Egito por mais de vinte anos. Seu nome era Hatshepsut e ela foi a primeira mulher a se tornar faraó.

Naquele tempo, a ideia de uma mulher sendo faraó era tão estranha que Hatshepsut precisava agir como se fosse um homem para convencer o povo egípcio de que era uma líder legítima. Ela se proclamou *rei*, não *rainha*. Usava roupas de homem e, às vezes, chegava até a usar uma barba falsa!

Aparentemente, isso não era suficiente. Vinte anos depois de sua morte, tentaram apagá-la da história. Estátuas que a representavam foram destruídas, e seu nome foi removido dos registros.

É incrível, mas as pessoas se apavoravam só de pensar que uma mulher como faraó poderia incentivar outras mulheres a lutar pelo poder.

Felizmente, não é tão fácil apagar a memória de alguém imortalizado em pedra, onde os registros eram feitos na época. Sinais suficientes de sua existência foram encontrados por arqueólogos modernos, que juntaram pedaços para reconstituir sua história.

A múmia de Hatshepsut, embrulhada em tecido e perfumada com resina, foi removida de seu túmulo original e ocultada do mundo. Mas acabou sendo descoberta em algum lugar perto do Vale dos Reis. Em 2006, um egiptologista comprovou sua identidade ao descobrir um dente que se encaixava em sua mandíbula mumificada.

POR VOLTA DE 1508 A.C. – 1458 A.C.

EGITO

ILUSTRAÇÃO DE ELENI KALORKOTI

"RESTAUREI O QUE ESTAVA EM RUÍNAS. REERGUI O QUE HAVIA SIDO DESTRUÍDO."

—HATSHEPSUT

HELEN KELLER

ATIVISTA

Era uma vez uma garota de nome Helen que, quando pequena, depois de uma febre horrível, ficou surda e cega. Frustrada e cheia de ódio, ela costumava se jogar no chão por qualquer motivo, chutando e gritando.

Um dia, a mãe de Helen a levou a uma escola especial para pessoas cegas. Uma jovem e talentosa professora chamada Anne Sullivan conheceu as duas e decidiu que ia tentar ensinar Helen a falar.

"Mas como alguém vai aprender a palavra boneca se não consegue enxergar a própria boneca?", Anne se perguntava. "Como alguém vai dizer água se nunca ouviu essa palavra na boca de outra pessoa?"

Anne então se deu conta de que precisava usar o sentido do tato para ajudar Helen. Começou pondo as mãos de Helen sob a água corrente enquanto soletrava a palavra água em sua mão, usando a língua de sinais. Depois, soletrou a palavra boneca enquanto a menina ninava sua boneca favorita. Não demorou para Helen descobrir que as palavras se referem a coisas diferentes!

Pondo os dedos nos lábios de Anne, Helen descobriu as vibrações emitidas quando as palavras eram faladas e, pouco a pouco, aprendeu como emitir os sons por si mesma. Logo estava falando em voz alta pela primeira vez.

Ela aprendeu a ler em Braille correndo os dedos sobre os pontinhos elevados. Ela também aprendeu francês, alemão, latim e grego!

Helen passou a dar palestras e defendeu os direitos das pessoas com deficiência (PcDs). Viajou pelo mundo com sua professora incrível e seu amado cão. Ela não precisava de palavras para dizer a ambos como se sentia. Bastava dar em cada um abraços apertados, cheios de amor e carinho.

27 DE JUNHO DE 1880 – 1° DE JUNHO DE 1968

ESTADOS UNIDOS

ILUSTRAÇÃO DE
MONICA GARWOOD
"AS MELHORES E
MAIS BELAS COISAS
DO MUNDO
NÃO PODEM SER
VISTAS NEM TOCADAS,
MAS, SIM, SENTIDAS
COM O CORAÇÃO."
—HELEN KELLER

• HILLARY RODHAM CLINTON •

POLÍTICA, SECRETÁRIA DE ESTADO, SENADORA

Houve um tempo em que apenas os meninos podiam ser o que quisessem: jogadores de beisebol ou de futebol, médicos, juízes, policiais, presidentes.

Foi nessa época que nasceu, no estado de Illinois nos Estados Unidos, uma garota chamada Hillary. Ela era uma garota corajosa, com cabelos loiros e uma curiosidade sem limites. Queria sair por aí explorando o mundo, mas tinha medo dos meninos mal-educados de seu bairro, que riam dela e a chamavam de nomes feios.

Um dia, a mãe a viu em casa se escondendo dos meninos. "Você precisa enfrentá-los e mostrar para eles que não tem medo", ela disse para Hillary.

Então, foi isso que ela fez: aprendeu a brigar com metidos a valentão, e logo conheceu mais pessoas corajosas que também lutavam por outras coisas, como pessoas negras contra o racismo, ou mães, para criar seus filhos sozinhas. Hillary se formou advogada, ouviu as histórias dessas pessoas e pensou em como poderia ajudá-las.

A melhor forma de lutar por justiça, decidiu, era entrar para a política.

Muitos estadunidenses ainda não estavam acostumados a ver uma mulher atuando na política, e a criticaram por razões bobas, pelo seu estilo de cabelo, o som de sua voz ou as roupas que ela usava. O que eles queriam, na verdade, era afastá-la da política. Mas Hillary tinha aprendido a lidar com valentões, então ela os enfrentou.

Ela foi a primeira mulher candidata a presidente por um dos dois maiores partidos políticos dos Estados Unidos.

Houve um tempo em que as garotas não podiam ser o que quisessem... mas esse tempo acabou!

NASCIDA EM 26 DE OUTUBRO DE 1947

ESTADOS UNIDOS

ILUSTRAÇÃO DE
JUSTINE LECOUFFE

HYPATIA

MATEMÁTICA E FILÓSOFA

Uma vez, na antiga cidade de Alexandria, no Egito, existiu uma biblioteca gigante. Era a maior do mundo naquela época, mas nela não havia livros nem papel, porque ainda não existiam livros tal qual temos hoje. As pessoas escreviam em papiro (um material feito de uma planta aquática, com o mesmo nome, que há no Egito), que eram guardados em forma de rolos. Nessa antiga biblioteca havia milhares de rolos de papiro, cada um deles manuscrito por um escriba e cuidadosamente guardado em uma prateleira.

Na Biblioteca de Alexandria, um pai e sua filha se sentavam um ao lado do outro para estudarem juntos os rolos de papiro. Filosofia, Matemática e Ciência eram seus assuntos favoritos. Eles se chamavam Theon e Hypatia.

Hypatia resolvia equações e criava novas teorias sobre geometria e aritmética. Ela gostava tanto de estudar que logo começou a escrever seus próprios livros (ops, rolos!). Ela até criou um instrumento, chamado astrolábio, que era capaz de calcular a posição do Sol, da Lua e das estrelas em um determinado momento.

Hypatia ensinava Astrologia, e suas aulas eram muito populares. Estudantes e outros cientistas se amontoavam para ouvi-la falar. Ela se recusava a usar roupas femininas tradicionais e dava suas aulas vestida com togas, como os outros professores. Infelizmente, todas as suas obras foram perdidas quando a Biblioteca de Alexandria foi destruída pelo fogo. Por outro lado, seus alunos escreviam uns aos outros sobre Hypatia e suas grandiosas ideias, de forma que as pessoas até hoje podem conhecer essa mulher genial que viveu em Alexandria.

POR VOLTA DE 370 D.C. – MARÇO DE 415 D.C.

EGITO

ILUSTRAÇÃO DE RIIKKA SORMUNEN

"DEFENDA SEU DIREITO DE PENSAR, POIS MESMO PENSAR ERRADO É MELHOR QUE NÃO PENSAR EM NADA."

—HYPATIA

IRENA SENDLEROWA

HEROÍNA DE GUERRA

Na cidade de Varsóvia, na Polônia, viveu certa vez uma garotinha chamada Irena que adorava seu pai. Um dia, uma terrível epidemia de tifo se espalhou pela região. O pai de Irena era um médico corajoso. Ele poderia ter se mantido longe das pessoas doentes e não ter se colocado em risco, mas escolheu ficar ao lado delas e cuidar de todas, até que ele próprio caiu doente.

Antes de morrer, ele disse à filha: "Irena, se você vir alguém se afogando, você precisa pular na água e tentar salvar a pessoa".

Irena jamais esqueceu as palavras do pai, e quando os judeus começaram a ser perseguidos pelos nazistas, ela ajudou famílias judias a salvarem os filhos.

Irena dava às crianças nomes cristãos e buscava famílias cristãs para cuidar delas, onde pudessem estar a salvo.

Ela escrevia o verdadeiro nome dessas crianças em pequenas tiras de papel, que enrolava e guardava em potes de marmelada. Depois, enterrava os potes no jardim de uma amiga, embaixo de uma grande árvore.

Às vezes, as crianças menores choravam quando Irena as levava embora. Para distrair os guardas nazistas e encobrir o barulho, Irena treinou um cão para latir quando ela mandasse.

Ela escondeu crianças em sacos, em malas cheias de roupas, em caixas e até em caixões!

Em três meses, ela salvou 2.500 crianças.

Depois que a guerra terminou, Irena desenterrou os potes de marmelada e reuniu muitas crianças com suas famílias.

15 DE FEVEREIRO DE 1910 – 12 DE MAIO DE 2008

POLÔNIA

ILUSTRAÇÃO DE
ZOZIA DZIERŻAWSKA
"FUI CRIADA PARA ACREDITAR QUE QUALQUER
PESSOA PRECISA SER RESGATADA SE ESTIVER
SE AFOGANDO, NÃO IMPORTA QUAL É
A SUA RELIGIÃO OU NACIONALIDADE."
—IRENA SENDLEROWA

ISABEL ALLENDE

ESCRITORA

Não faz muito tempo, vivia no Chile uma garota apaixonada pela vida. Ela se chamava Isabel. Sendo a filha mais velha de uma mãe solo, Isabel cresceu na casa do avô. Ela observava a forma como ele trabalhava para cuidar da família. Isabel queria ser como ele.

Ela adorava escrever e era fascinada pelas pessoas e suas histórias de vida, então decidiu ser jornalista.

Certo dia, Isabel entrevistou um famoso poeta chileno chamado Pablo Neruda. "Você tem uma imaginação tão vívida que deveria estar escrevendo romances, não artigos para jornais", ele disse.

Alguns anos mais tarde, Isabel recebeu notícias tristes: seu avô estava morrendo. Ela estava longe de casa, na Venezuela, e não podia voltar ao Chile para visitá-lo, então decidiu enviar a ele uma carta.

Assim que começou a escrever, descobriu que não podia parar. Escreveu sobre sua família, sobre pessoas que estavam vivas e pessoas que já estavam mortas. Escreveu sobre um ditador cruel, sobre histórias de amor, sobre um terrível terremoto, sobre poderes sobrenaturais e sobre fantasmas.

A carta acabou se transformando em um romance.

A casa dos espíritos foi o nome do livro que fez um sucesso estrondoso, transformando Isabel em uma das mais famosas romancistas do nosso tempo. Até os dias de hoje, ela escreveu mais de vinte livros e ganhou mais de cinquenta prêmios literários.

NASCIDA EM 2 DE AGOSTO DE 1942

CHILE

ILUSTRAÇÃO DE
PAOLA ROLLO
"ESCREVA AQUILO
QUE NUNCA DEVERIA
SER ESQUECIDO."
—ISABEL ALLENDE

• JACQUOTTE DELAHAYE •

PIRATA

Certa vez, viveu no Haiti uma garota de cabelo vermelho como fogo. Seu nome era Jacquotte.

A mãe de Jacquotte morreu no nascimento de seu irmãozinho, e o pai de ambos morreu não muito depois. Jacquotte teve de encontrar um jeito de sustentar a si mesma e ao irmão. Assim, decidiu se tornar uma pirata.

Ela acabou liderando uma gangue de centenas de piratas. Juntos, no mar, eles comiam carne defumada, jogavam jogos, enchiam os canhões de pólvora e roubavam os navios espanhóis. Jacquotte tinha até uma ilha secreta onde ela e seus piratas moravam!

Mas, é claro, ela tinha muitos inimigos. Tanto o governo local quanto os bucaneiros, seus rivais, estavam sempre em seu encalço. Para fugir deles, Jacquotte decidiu forjar a própria morte e se manter escondida.

Ela escolheu um novo nome e passou a se vestir como um homem, mas seu estratagema não durou muito. Ninguém no mundo tinha um cabelo vermelho tão flamejante! Ela voltou à pirataria e ganhou o apelido de "O Retorno da Morte Vermelha".

Jacquotte tinha uma amiga que também era pirata! Seu nome era Anne Dieu-le-Veut, e ela era casada e tinha três filhos. Depois que seu marido morreu, ela assumiu o comando do navio da família e uniu forças com Jacquotte. As duas foram umas das piratas mais temidas do Caribe.

Sua história se tornou uma lenda que os piratas contavam uns aos outros enquanto deitados em redes, à luz das estrelas, embalados pelas ondas, sonhando com as aventuras que os esperavam ao amanhecer.

POR VOLTA DE 1630 – 1663

HAITI

ILUSTRAÇÃO DE
RITA PETRUCCIOLI
"JAMAIS AMARIA UM HOMEM
QUE QUISESSE MANDAR EM MIM,
DA MESMA FORMA QUE NÃO
AMARIA UM QUE SE DEIXASSE
COMANDAR POR MIM."
—JACQUOTTE DELAHAYE

JANE AUSTEN

ESCRITORA

Era uma vez, na zona rural da Inglaterra, uma garota que gostava de livros mais do que tudo na vida. Não havia melhor lugar no mundo para Jane do que estar encolhida no sofá da biblioteca de seu pai com o nariz dentro de um livro. Ela se envolvia tanto com as histórias que, às vezes, chegava a discutir com os personagens – mesmo, é claro, que eles não pudessem responder.

Jane e os sete irmãos viviam inventado peças e charadas para se divertirem e distraírem os pais. Quando ainda era bem pequena, começou a escrever as próprias histórias, que eram lidas para sua irmã Cassandra para fazê-la rir.

As coisas que Jane escrevia eram como ela própria: brilhantes, criativas, inteligentes e afiadas. Para ela, cada detalhe importava: como um casal discutia, como um homem caminhava, o que as empregadas diziam umas às outras – tudo isso eram dicas para revelar a personalidade das pessoas. Jane anotava tudo o que via em um caderno para depois ter ideias e utilizar em seus romances.

Naquela época, ao chegar a determinada idade, esperava-se que as garotas se casassem. Mas Jane não queria se casar, então, nunca se casou.

"Oh, Lizzy! Faça alguma coisa melhor do que se casar sem amor", ela escreveu em um de seus romances.

Jane Austen se tornou uma das escritoras mais famosas da literatura inglesa. Ainda é possível visitar seu lindo chalé na vilazinha onde nasceu. Ali ela costumava se sentar, escrevendo em uma escrivaninha bem pequena, olhando pela janela o jardim de flores.

16 DE DEZEMBRO DE 1775 – 18 DE JULHO DE 1817

REINO UNIDO

ILUSTRAÇÃO DE
SOPHIA MARTINECK
PRIDE & PREJUDICE
BY A LADY
EMMA
"AH, NÃO HÁ NADA COMO
FICAR EM CASA, PARA SENTIR
UM VERDADEIRO CONFORTO."
—JANE AUSTEN

JANE GOODALL

PRIMATOLOGISTA

Era uma vez, na Inglaterra, uma garota chamada Jane que adorava subir em árvores e ler livros. Seu sonho era ir para a África e passar um tempo por lá com os animais selvagens.

Então, Jane viajou para um país chamado Tanzânia com um caderno e binóculos, determinada a estudar os chimpanzés em seu ambiente natural.

No começo, foi difícil se aproximar deles. Os chimpanzés fugiam assim que a viam, mas Jane continuou a visitar o mesmo lugar todos os dias, na mesma hora. Até que os chimpanzés deixaram que ela se aproximasse. Mas a proximidade ainda era pouco para Jane. Ela queria fazer amizade com eles. Assim, inventou o "clube da banana", e toda vez que visitava os chimpanzés, ela dividia as bananas que tinha com eles.

Naquela época, sabia-se muito pouco sobre esses animais. Alguns cientistas costumam observá-los através de binóculos, outros estudavam eles em jaulas. Jane, por outro lado, passava horas com eles. Tentava se comunicar usando grunhidos e gritos. Subia em árvores e comia o mesmo que eles. Ela descobriu que os chimpanzés têm rituais, que fabricam e utilizam ferramentas e que se comunicam usando pelo menos 120 sons diferentes. Ela descobriu até mesmo que os chimpanzés não são vegetarianos.

Certa vez, Jane resgatou um chimpazé ferido e cuidou dele até ele ficar bem. Quando ela o soltou de volta na natureza, o chimpanzé veio em sua direção e lhe deu um longo abraço carinhoso, como para dizer: "Obrigada e adeus!".

NASCIDA EM 3 DE ABRIL DE 1934

REINO UNIDO

ILUSTRAÇÃO DE
EMMANUELLE WALKER

"SÓ SE COMPREENDERMOS CONSEGUIREMOS NOS PREOCUPAR. SÓ SE NOS PREOCUPARMOS VAMOS PODER AJUDAR. SÓ SE AJUDARMOS SEREMOS TODOS SALVOS."
—JANE GOODALL

• JESSICA WATSON •

MARINHEIRA

Era uma vez uma garota chamada Jessica que tinha medo da água. Um dia, no verão, ela estava brincando com a irmã e as primas ao lado da piscina. De repente, as outras crianças formaram uma fileira na borda, prontas para pular juntas, de mãos dadas.

A mãe de Jessica ficou observando da janela para ter certeza de que ela estava bem. Ela esperava que Jessica se afastasse da piscina, mas ficou surpresa ao ver a filha dando passos à frente com as outras crianças. "Um... dois... três..." *Splash!* As crianças pularam na água, gritando e rindo.

Daquele dia em diante, Jessica começou a amar a água. Inscreveu-se num clube de veleiros e decidiu navegar pelo mundo sozinha e sem parar. Ela pintou seu barco de um cor-de-rosa bem vivo e o batizou de *Ella's Pink Lady* (alguma coisa como "Ella, a Dama Cor-de-rosa").

Abasteceu o barco com carne, tortas, batatas, feijão enlatado, várias garrafas de leite e muita água, e partiu do Porto de Sidney, em seu país, a Austrália. Jessica tinha apenas 16 anos.

Totalmente sozinha, ela saiu navegando. Enfrentou ondas tão altas quanto arranha-céus, acordou com o sol nascendo das maneiras mais lindas, viu baleias azuis e ficou olhando as estrelas cadentes se movendo no céu, acima de seu barco.

Sete meses depois, voltou a Sidney. Milhares de pessoas vieram recebê-la. Estenderam para ela um tapete especial: era cor-de-rosa brilhante, igualzinho ao seu barco!

NASCIDA EM 18 DE MAIO DE 1993

AUSTRÁLIA

ILUSTRAÇÃO DE KATHRIN HONESTA

"NÃO HÁ COMO MUDAR AS CIRCUNSTÂNCIAS – APENAS A MANEIRA DE LIDAR COM ELAS."
—JESSICA WATSON

JILL TARTER

ASTRÔNOMA

Era uma vez uma garota que queria ficar amiga das estrelas. Seu nome era Jill. "Como é que nós podemos estar sozinhos no universo se o céu é tão grande?", ela costumava perguntar.

Jill não conseguia parar de pensar nisso, então, quando cresceu, ela decidiu sair pelos céus afora em busca de vida extraterrestre. Ela se tornou astrônoma e diretora do SETI (Centro de Busca por Inteligência Extraterrestre, em inglês), o centro de pesquisa científica sobre a possibilidade de vida no espaço, o mais importante de seu país, os Estados Unidos.

Durante anos, Jill e sua equipe investigaram centenas de sistemas solares, utilizando radiotelescópios espalhados pelo mundo inteiro. Toda noite, ela procurava por sinais de civilização em algum planeta distante.

Ninguém sabia – e ainda não se sabe – que sistema de comunicação os extraterrestres podem estar usando. Mas muitas pessoas acreditam que o universo é grande demais para sermos seus únicos habitantes.

Jill gostava especialmente de fazer caminhadas solitárias à noite sob as constelações visíveis no céu estrelado. Quando saía da sala de controle para a ronda da noite, ela observava: "Órion está bem em cima de minha cabeça, como um velho amigo".

Nenhuma de suas pesquisas, até agora, conseguiu chegar a uma prova científica de vida extraterrestre, mas ela ainda não perdeu as esperanças. Jill gosta de lembrar às pessoas que não é porque um copo de água volta vazio que não existem peixes no oceano.

NASCIDA EM 16 DE JANEIRO DE 1944

ESTADOS UNIDOS

ILUSTRAÇÃO DE
ZOZIA DZIERŻAWSKA
"A HISTÓRIA DO SER HUMANO É
A HISTÓRIA DAS IDEIAS – IDEIAS
CIENTÍFICAS QUE JOGAM LUZ NOS
CANTOS CHEIOS DE ESCURIDÃO."
—JILL TARTER

JINGŪ

IMPERATRIZ

Era uma vez, no Japão, uma imperatriz que estava esperando um bebê.

Certo dia, seu marido, o imperador, declarou guerra a um grupo de rebeldes. Jingū não achava essa uma boa ideia.

Mas o marido ignorou o seu conselho. Ele perdeu a batalha e morreu.

Enquanto estava grávida, Jingū manteve a morte do marido em segredo, vestiu as roupas dele e derrotou os guerrilheiros rebeldes.

Um dia, Jingū teve uma visão que dizia que ela deveria conduzir o exército japonês através do mar até a Coreia. Ela acreditava que a Coreia "era repleta de coisas maravilhosas, deslumbrantes aos olhos". Algumas pessoas admiravam seu espírito guerreiro, mas outras nunca gostariam da mulher que invadiu a Coreia e feriu o povo coreano.

É difícil separar os mitos da verdade no caso de Jingū. Na época, alguns acreditavam que ela tivesse poderes mágicos. Diziam que ela controlava as marés utilizando duas joias especiais que guardava em seu porta-joias. Outros diziam que seu filho, Ōjin, permaneceu em seu ventre por três anos inteiros, dando à mãe guerreira tempo para sair em expedição e voltar para dar à luz.

Provavelmente, o que aconteceu era que ela era especialmente talentosa e resistente.

Jingū reinou por mais de setenta anos.

POR VOLTA DE 169 D.C.– 269 D.C.

JAPÃO

ILUSTRAÇÃO DE
ANA GALVAN

"BRANDAM SUAS ARMAS, E NÓS ATRAVESSAREMOS AS ONDAS GIGANTES... TEMOS QUE NOS APROPRIAR DA TERRA DO TESOURO."

—JINGŪ

JOAN JETT

ESTRELA DO ROCK

Joan adorava *rock'n'roll*. Aos 13 anos, ganhou sua primeira guitarra. Ela ficou radiante de felicidade – mas alguma coisa estava faltando. Tocar sozinha era legal, ela pensou. "Mas o que eu quero mesmo é ser uma estrela do rock. Eu preciso de uma banda."

Dois anos depois, ela havia reunido sua banda: Sandy na bateria, Cherie nos vocais, Jackie no baixo e Lita na guitarra solo. Com Joan na guitarra base e nos vocais, elas eram... *The Runaways* (As Fugitivas).

Tinham 15 anos, eram orgulhosamente barulhentas. No palco, Joan usava um casaco vermelho de couro e Cherie vestia nada mais que roupas íntimas.

"Vocês são novas demais", as pessoas diziam.

"E daí?", elas respondiam.

"Vocês são barulhentas demais", reclamavam.

Elas tocavam mais alto ainda.

"Garotas não podem ser roqueiras *punk*."

"Ah, é? Então olha só!"

Uma de suas primeiras canções, chamada *Cherry Bomb* (Bomba de Cereja), foi um sucesso.

Seu segundo álbum, *Queens of Noise* (Rainhas do Barulho), tornou-se uma sensação no Japão.

Mas nem sempre as coisas eram fáceis. De volta a seu país, elas viviam viajando de cidade em cidade, no meio da noite, em uma van velha e batida. Às vezes, o público gritava com elas e jogava coisas na banda. Mas as *The Runaways* não se importavam. Elas viviam para a música. Sentiam-se fortes e cheias de vida.

NASCIDA EM 22 DE SETEMBRO DE 1958

ESTADOS UNIDOS

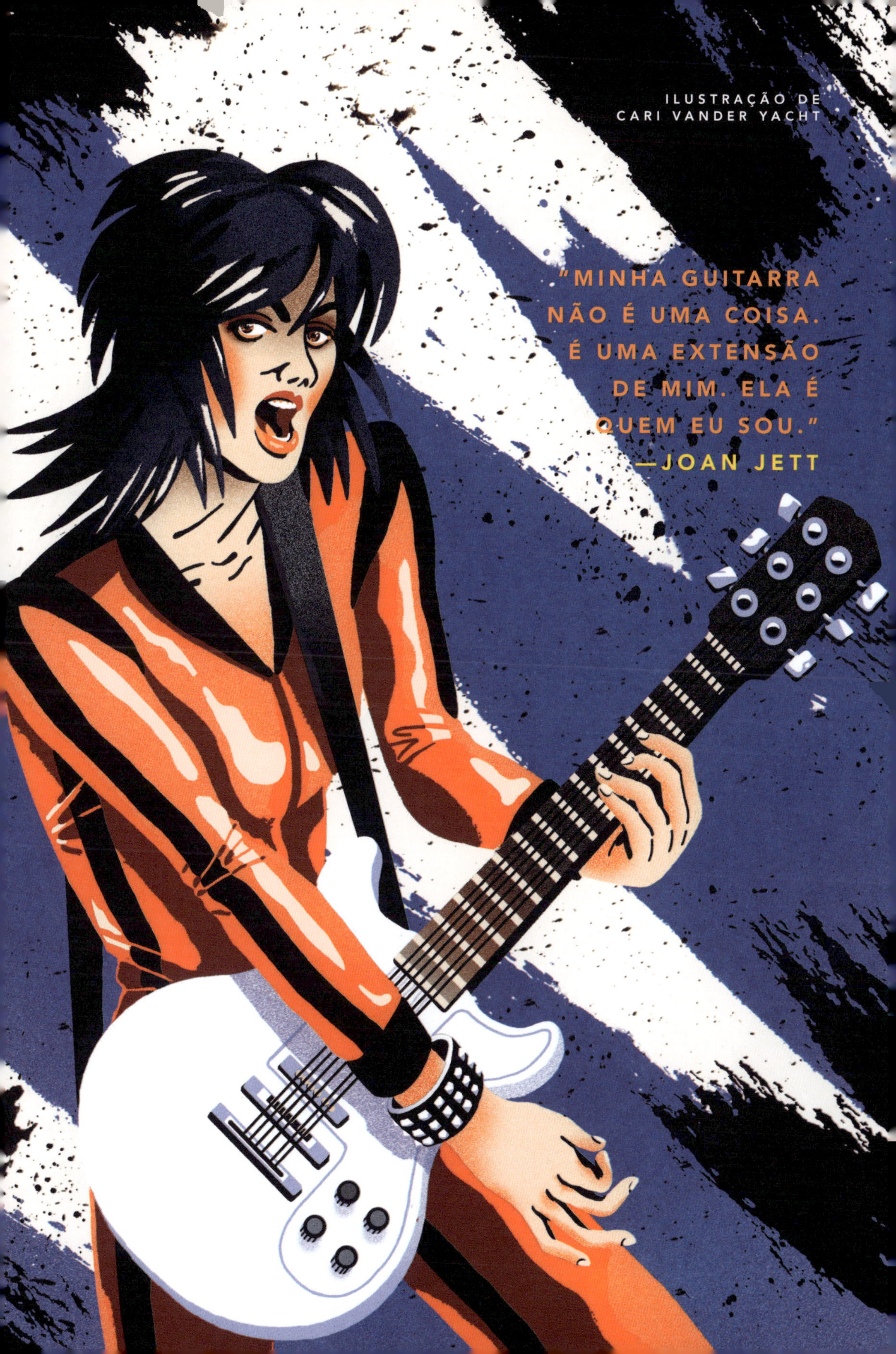

ILUSTRAÇÃO DE
CARI VANDER YACHT

JULIA CHILD

CHEF DE COZINHA

Com um metro e oitenta e sete de altura, Julia Child era uma garota incomumente alta.

Quando a Segunda Guerra Mundial estourou, ela estava determinada a entrar para o exército. Foi rejeitada por ser alta demais. A Marinha disse a mesma coisa: alta demais para eles também. Então, ela se tornou espiã.

Uma de suas primeiras missões foi resolver um problema altamente explosivo. Espalhadas no oceano, havia bombas subterrâneas destinadas a submarinos alemães. O problema era que os tubarões, que nadavam muito próximos às bombas, viviam provocando explosões. Todos os outros agentes ficaram aturdidos, sem saber como resolver o problema – mas Julia teve uma ideia.

Começou a cozinhar. Misturando todo tipo de ingredientes nojentos, ela assou bolos que cheiravam como tubarão morto quando postos dentro da água. Os tubarões nem se atreviam a chegar perto deles. Sabe quando você espirra repelente no corpo para espantar os insetos? Ela fez a mesma coisa, só que com tubarões e bombas.

Quando a guerra acabou, Julia e o marido se mudaram para a França por causa do trabalho dele. A primeira garfada que Julia comeu da comida francesa foi para ela um assombro. Ela não podia acreditar que alguma comida pudesse ter um sabor tão bom! Nada de repelentes de tubarão. Ela decidiu inscrever-se no Le Cordon Bleu – a melhor escola de culinária do mundo – e aprender tudo o que os *chefs* podiam ensinar.

Julia se tornou uma autoridade em comida francesa, e seu livro de receitas, *A arte culinária de Julia Child*, tornou-se um dos mais vendidos em sua época e faz sucesso até hoje! Ela teve até seu próprio programa de TV. "*Bon appétit*", ela dizia, "a não ser que você seja um tubarão!"

15 DE AGOSTO DE 1912 – 13 DE AGOSTO DE 2004

ESTADOS UNIDOS

ILUSTRAÇÃO DE
BARBARA DZIADOSZ

KATE SHEPPARD

SUFRAGISTA

Houve um tempo em que os homens acreditavam que as mulheres tinham apenas que servi-los. Achavam que elas deveriam cozinhar e limpar, cuidar das crianças e não se importar com nada além disso. As mulheres, assim pensavam eles, tinham de usar "roupas femininas" – o que significa usar vestidos compridos e, por baixo, corpetes e espartilhos bem apertados. Ninguém se importava com o fato de que, vestidas dessa maneira, as mulheres mal podiam se mexer, nem respirar.

Ter um emprego? Nem pensar. Praticar esportes? De jeito nenhum. Governar o país, então, estava definitivamente fora dos limites. As mulheres não podiam nem votar!

Mas Kate pensou que as mulheres deviam ter a mesma liberdade que os homens – liberdade para dizer o que pensavam, para votar em quem quisessem e para usar roupas confortáveis.

Um dia, ela se levantou e declarou: "As mulheres devem ter o direito de voto. E nem deveriam ter de vestir esses espartilhos". A maior parte das pessoas ficou chocada, outras se sentiram ultrajadas, mas também houve aquelas que aderiram às novas e radicais ideias de Kate.

Kate e suas amigas colheram tantas assinaturas para a petição em favor das mulheres que tiveram de colar folhas de papel umas nas outras, formando um enorme rolo. Elas carregaram esse rolo até o parlamento e o desenrolaram no chão, como um tapete muito longo. Imagine 74 caminhões estacionados em fila – o rolo era ainda mais longo! Foi a petição mais comprida já apresentada. Os deputados e senadores ficaram sem saber o que dizer. Graças a Kate, a Nova Zelândia se tornou o primeiro país onde as mulheres tiveram o direito de votar.

10 DE MARÇO DE 1847 – 13 DE JULHO DE 1934

NOVA ZELÂNDIA

ILUSTRAÇÃO DE
MALIN ROSENQVIST
"NUNCA PENSE QUE SEU
VOTO SOZINHO NÃO
VALE MUITO. A CHUVA
QUE REFRESCA O SOLO
RESSEQUIDO É FEITA DE
GOTAS ISOLADAS."
—KATE SHEPPARD

• LAKSHMI BAI •

RAINHA E GUERREIRA

Uma vez, no estado de Jhansi, na Índia, viveu uma garota que adorava lutar.

Ela estudou autodefesa, tiro com arco, luta com espadas e treinou muito levantamento de peso e luta livre. Ela era também uma amazona brilhante. Formou seu próprio exército particular com outras garotas que também eram lutadoras hábeis.

Lakshmi Bai se casou com Gangadhar Rao, um marajá de Jhansi. Após a união, ela se tornou rainha (*rani*, na língua sânscrita). Lakshmi e Gangadhar tiveram um filho, mas o menino morreu de forma trágica quando ainda era pequeno. O marajá nunca se recuperou da tristeza de perder o filho, e acabou morrendo logo depois.

Naquele tempo, os ingleses dominavam a Índia e queriam se apossar de Jhansi. Eles se valeram da morte do filho e do marido de Lakhshmi como desculpa e ordenaram que ela deixasse o palácio. Primeiro, rani Lakshmi Bai tentou lutar contra os ingleses no tribunal, mas eles se recusaram a ouvi-la. Então ela organizou um exército de vinte mil rebeldes, que incluía homens e mulheres.

Depois de uma batalha feroz, seu exército foi vencido. Mas, mesmo assim, Lakshmi Bai, rani de Jhansi, não desistiu. Ela fugiu da cidade pulando a cavalo um muro enorme e galopou para o leste, onde se reuniu com mais rebeldes – muitos dos quais eram garotas como ela. Rani Lakshmi Bai liderou suas tropas de volta à guerra, vestida de homem e montada a cavalo.

Um dos generais britânicos lembrou-se dela como "a mais perigosa das líderes rebeldes."

19 DE NOVEMBRO DE 1828 – 18 DE JUNHO DE 1858

ÍNDIA

ILUSTRAÇÃO DE
LIEKE VAN DER VORST

LELLA LOMBARDI

PILOTO DE FÓRMULA 1

Era uma vez uma garota que gostava de ajudar o pai a entregar carnes na van da família. Cada vez que havia uma entrega a fazer, ela pulava no assento do motorista e seu pai marcava o tempo. Ela se chamava Maria Grazzia, mas todos a chamavam de Lella.

Lella dirigia tão bem que batia um novo recorde a cada entrega. Todos na cidade se acostumaram a ver a van dos Lombardi rodando a toda velocidade pelas colinas, com salames pendurados balançando na parte de trás.

Quando fez 18 anos, Lella usou suas economias para comprar um carro de corrida usado e começar a correr profissionalmente. Quando os pais leram no jornal que ela havia ganhado o Campeonato de Fórmula 850, eles nem ficaram surpresos.

Lella não se importava em ser sempre a única mulher na corrida. Apenas corria o máximo que podia para se tornar uma piloto de Fórmula 1. Sua primeira tentativa foi um fracasso. Ela nem se classificou. Mas, no ano seguinte, encontrou um bom agente, um patrocinador e um carro fantástico: todo branco, com a bandeira italiana na frente. Durante o Grand Prix da Espanha, Lella acabou em sexto lugar, tornando-se a primeira mulher a ficar em um dos primeiros lugares em uma corrida de Fórmula 1.

Apesar de seu sucesso, porém, sua equipe decidiu contratar outro piloto – um homem –, e Lella se deu conta de que a Fórmula 1 ainda não estava preparada para aceitar mulheres como pilotos. Ela continuou a correr durante toda a sua vida. Nenhuma mulher até hoje bateu o recorde dela na Fórmula 1.

26 DE MARÇO DE 1941 – 3 DE MARÇO DE 1992

ITÁLIA

ILUSTRAÇÃO DE
SARAH MAZZETTI
"EU AMO O AUTOMOBILISMO
DE TAL MANEIRA QUE
PREFERIRIA SOFRER UM
ACIDENTE A ME APAIXONAR."
—LELLA LOMBARDI

LOZEN

GUERREIRA

Era uma vez uma garota que queria ser guerreira. Seu nome era Lozen e ela pertencia aos Apaches, povo nativo da América do Norte que vivia nas regiões onde hoje são o estado do Arizona, do Novo México e do Texas.

Quando Lozen ainda era criancinha, o exército dos Estados Unidos atacou os Apaches para tomar suas terras. Lozen viu muitos amigos e parentes morrerem na batalha e, daquele momento em diante, jurou que dedicaria a vida a defender seu povo e suas terras.

"Não quero aprender o trabalho das mulheres nem me casar", ela disse para o irmão, Victorio. "Quero me tornar uma guerreira."

Victorio era o chefe de seu povo. Ele ensinou Lozen a lutar e a caçar e sempre a queria perto dele no campo de batalha. "Lozen é meu braço direito", ele costumava dizer. "Forte como um homem, mais corajosa que a maioria deles, ardilosa nas estratégias, Lozen é um escudo para nosso povo."

Sua coragem e força eram lendárias. As pessoas acreditavam que ela tivesse poderes sobrenaturais que lhe permitiam antecipar o movimento dos inimigos. Ela se tornou a líder espiritual de seu povo, além de curandeira.

Depois que seu irmão morreu, Lozen se uniu ao famoso líder Apache Geronimo. Ela acabou sendo capturada com o último grupo de Apaches livres. Sua memória ainda é preservada no coração de um povo que luta por liberdade.

POR VOLTA DO FINAL DE 1840 – 1889

ESTADOS UNIDOS

ILUSTRAÇÃO DE
MALIN ROSENQVIST
"NESTE MUNDO, O
INVISÍVEL TEM PODER."
—LOZEN

MAE C. JEMISON

ASTRONAUTA E MÉDICA

Era uma vez uma menina curiosa chamada Mae. Ela não conseguia decidir o que queria ser quando crescesse.

Quando fazia vestidos para suas Barbies, ela queria ser estilista de moda. Se estava lendo um livro sobre viagem no espaço, queria ser astronauta. Ao consertar um brinquedo quebrado, achava melhor ser engenheira. E se via um espetáculo de dança, ela dizia: "Acho que vou ser uma bailarina".

O mundo era seu laboratório. Ela estudou Engenharia Química, Estudos Afro-americanos e Medicina. Aprendeu a falar russo, suaíli e japonês. Tornou-se médica e trabalhou como voluntária no Camboja e em Serra Leoa. Então se inscreveu na NASA para ser astronauta. Foi escolhida e, depois de um ano de treinamento, foi enviada ao espaço a bordo do ônibus espacial *Endeavour*.

Ela fazia exames nos outros membros da tripulação. Como era astronauta e também médica, sua missão era realizar experimentos sobre coisas como ausência de gravidade e enjoo, que podem ser um problemão quando você está flutuando de cabeça para baixo no espaço.

Quando voltou à Terra, ela se deu conta de que – ainda que tivesse gostado de ir ao espaço – sua verdadeira paixão era melhorar as condições de saúde dos povos africanos. Então Mae deixou a NASA e fundou uma empresa que utiliza satélites para fazer exatamente isso.

Mae Jemison foi a primeira mulher negra a viajar para o espaço.

NASCIDA EM 17 DE OUTUBRO DE 1956

ESTADOS UNIDOS

"UMA COISA EM QUE
EU ERA BOA ERA EM TESTAR
LIMITES – OS MEUS E
OS DE OUTRAS PESSOAS.
ESPECIALMENTE OS
DOS ADULTOS."
—MAE C. JEMISON
ILUSTRAÇÃO DE
ALEXANDRA BOWMAN

MALALA YOUSAFZAI

ATIVISTA

Era uma vez uma menina que adorava a escola. Seu nome era Malala e ela vivia em um vale pacífico no Paquistão. Certo dia, um grupo de homens armados chamado Talibã tomou controle do vale. Eles apavoraram as pessoas com as armas que tinham.

O Talibã proibiu as meninas de irem à escola. Muita gente era contra essa proibição, mas pensaram ser mais seguro manter as garotas em casa.

Malala achou que não era justo, e escreveu sobre o problema na internet.

Ela gostava muito da escola, então, um dia, ela disse na TV: "Educação é poder para as mulheres. O Talibã está fechando as escolas para garotas porque não quer que as mulheres sejam poderosas".

Pouco tempo depois, Malala estava no ônibus escolar como de costume. De repente, dois membros do Talibã pararam o ônibus e gritaram: "Quem de vocês é Malala?"

Quando algumas amigas olharam para ela, os dois homens atiraram, acertando-a na face e ferindo as outras duas garotas. Malala foi levada com urgência ao hospital e felizmente não morreu. Milhares de crianças lhe enviaram cartões desejando melhoras e, apesar de seus ferimentos serem graves, ela se recuperou mais rápido do que qualquer um poderia imaginar.

"Eles pensaram que as balas nos silenciariam, mas se enganaram", ela disse. "Vamos pegar nossos livros e canetas. Essas são as armas mais poderosas. Uma criança, um professor, um livro e uma caneta podem mudar o mundo."

Ela foi a pessoa mais jovem a receber o Prêmio Nobel da Paz.

NASCIDA EM 12 DE JULHO DE 1997

PAQUISTÃO

ILUSTRAÇÃO DE SARA BONDI

MANAL AL-SHARIF

ATIVISTA DE DIREITOS DAS MULHERES

Era uma vez uma menina que queria dirigir um automóvel. Ela vivia na Arábia Saudita, um país em que as regras religiosas proibiam as mulheres de dirigir.

Um dia, ela decidiu quebrar as regras.

Pegou emprestado o carro do irmão e saiu dirigindo pelas ruas da cidade.

Ela postou um vídeo no YouTube que a mostrava no volante, de forma que o maior número de pessoas possível pudesse ver o que estava fazendo e mais mulheres criassem coragem para fazer a mesma coisa.

"Se os homens podem dirigir, por que as mulheres não podem?", dizia Manal no vídeo.

A questão era muito simples, afinal de contas. Mas as autoridades religiosas não gostaram nada disso. "E se as mulheres começarem a dirigir? Elas vão sair do nosso controle", essas autoridades gritaram.

Manal foi presa no dia seguinte e teve de prometer que não ia dirigir outra vez.

Mas o vídeo que ela postou, enquanto isso, tinha sido assistido por milhares de pessoas. Algumas semanas depois, um corajoso grupo de mulheres sauditas tomou as ruas com seus automóveis, desafiando as autoridades religiosas.

Manal foi mais uma vez posta na cadeia, mas ela continuou a se manifestar e incentivar as mulheres a dirigir e a lutar por seus direitos.

"Não pergunte se essa proibição será suspensa, apenas saia na rua e dirija", Manal dizia. Finalmente, em 2018, a Arábia Saudita retirou a proibição que impedia as mulheres de serem motoristas.

NASCIDA EM 25 DE ABRIL DE 1979

ARÁBIA SAUDITA

ILUSTRAÇÃO DE
KATE PRIOR
"SAIA DE CASA E DIRIJA."
—MANAL AL-SHARIF

MARGARET HAMILTON

CIENTISTA DA COMPUTAÇÃO

Era uma vez uma mulher que levou um homem à Lua. Seu nome era Margaret e ela era muito boa com computadores.

Quando estava com 24 anos, ela entrou no MIT (Instituto de Tecnologia de Massachusetts), onde aprendeu a escrever um código de previsão do tempo. Então Margaret ouviu dizer que o MIT estava procurando um programador para se unir a uma missão da NASA, a agência dos Estados Unidos de exploração do espaço.

Como engenheira, Margaret dirigiu a equipe que programou o código que permitiu a nave Apolo 11 lançar-se da Terra e pousar em segurança na superfície da Lua.

Margaret costumava levar a filha, Lauren, quando trabalhava nos fins de semana ou à noite. Enquanto a menininha de 4 anos dormia, a mãe continuava a programar, criando sequências de código a serem acrescentadas ao módulo do computador de comando da Apolo.

Em 20 de julho de 1969, alguns minutos antes de a Apolo 11 tocar a superfície lunar, o computador começou a enviar mensagens de erro. A missão inteira estava em perigo. Por sorte, Margaret tinha programado o computador para fiscalizar a tarefa principal, ignorando tudo mais. Assim, em vez de abortar a missão, a Apolo 11 pousou em segurança na Lua.

O pouso da espaçonave foi celebrado pelo mundo como: "Um pequeno passo para a o homem, um grande salto para a humanidade". Mas nada disso teria acontecido sem as brilhantes habilidades de programadora e o sangue frio de uma mulher: a engenheira da NASA, Margaret Hamilton.

NASCIDA EM 17 DE AGOSTO DE 1936

ESTADOS UNIDOS

ILUSTRAÇÃO DE
ÉDITH CARRON
"TRABALHEI EM TODAS
AS MISSÕES TRIPULADAS
DA APOLO."
—MARGARET HAMILTON

MARGARET THATCHER

EX-PRIMEIRA-MINISTRA

Era uma vez, na Grã-Bretanha, uma garota muito obstinada. Ela se chamava Margaret, e sempre achava estar certa. Algumas pessoas gostavam dela por sua sinceridade, enquanto outras achavam que ela era indelicada. Margaret apenas dava de ombros e seguia em frente.

Ela estudou Química e se tornou cientista, mas sua verdadeira paixão era a política, então tentou se eleger para o parlamento britânico. Na primeira vez, ela perdeu. Na segunda vez, também. Mas Margaret não era o tipo de pessoa que desistia fácil.

Ela decidiu voltar à universidade e estudar Direito. Depois, se casou e teve filhos gêmeos. Quando chegaram as eleições seguintes, sequer pensaram em seu nome como candidata, pois o partido achava que uma jovem mãe não era adequada ao parlamento.

Alguns anos depois, finalmente, seu sonho se realizou e Margaret foi eleita. Uma vez no parlamento, ela foi tão bem-sucedida que se tornou líder do Partido Conservador e, depois, primeira ministra de seu país – a primeira mulher a ocupar esse cargo na história da Inglaterra.

Quando Margaret interrompeu o programa de leite gratuito para as escolas primárias, a população não gostou. Mas quando ela ganhou a guerra contra a Argentina na disputa pelas Ilhas Falkland (Ilhas Malvinas), as pessoas admiraram sua força e determinação.

Margaret era uma mulher muito prática. Às vezes, tomava decisões com as quais as pessoas não concordavam, mas ela permanecia firme na sua escolha.

Foi por isso que ficou conhecida como "A Dama de Ferro".

13 DE OUTUBRO DE 1925 – 8 DE ABRIL DE 2013

REINO UNIDO

ILUSTRAÇÃO DE DEBORA GUIDI

MARGHERITA HACK

ASTROFÍSICA

Uma vez, na *Via delle Centro Stelle* (Rua das Centenas de Estrelas, em italiano), nasceu uma garotinha. Seu nome era Margherita e, quando crescesse, ela se tornaria uma incrível astrofísica (cientista que estuda as propriedades das estrelas e dos planetas).

Enquanto estudava Física, Margherita foi ficando cada vez mais interessada nas estrelas: "Somos parte da evolução do universo", ela dizia. "Do cálcio que há em nosso ossos, do ferro que há em nosso sangue, somos totalmente feitos de elementos criados no coração das estrelas. Nós realmente somos 'filhos das estrelas'."

O lugar preferido de Margherita era o Observatório Astrofísico de Arcetri, que fica na sua cidade. Do alto de uma colina acima de Florença, seus olhos percorriam o céu por meio de um enorme telescópio. Sua cabeça ficava cheia de perguntas: "Como as galáxias se desenvolvem? A que distância as estrelas ficam umas das outras? O que podemos aprender com a luz das estrelas?".

Margherita viajou pelo mundo dando palestras e inspirando outras pessoas a estudar as estrelas. De volta à Itália, em Trieste, ela se tornou a primeira mulher a dirigir um observatório astronômico.

Margherita dizia que algumas de suas melhores amigas eram estrelas. Elas têm nomes estranhos, como Eta Boo, Zeta Tauri, Zeta Her, Ômega Tau e 55 Cygni. Existe até um asteroide que recebeu o nome de Margherita!

Para ela, ser cientista significava basear o conhecimento do mundo natural em fatos, observações, experimentos e ser apaixonadamente curiosa pelo mistério da vida.

12 DE JUNHO DE 1922 – 29 DE JUNHO DE 2013

ITÁLIA

ILUSTRAÇÃO DE
CRISTINA SPANÒ

"AS ESTRELAS NÃO SÃO
MUITO DIFERENTE DE NÓS:
ELAS NASCEM, CRESCEM,
ENVELHECEM E MORREM."
—MARGHERITA HACK

MARIA CALLAS

CANTORA DE ÓPERA

Maria era uma garota desajeitada. Ela tinha medo de não ser tão bonita ou popular quanto a irmã. Mas logo percebeu que era mesmo muito especial.

Um dia, a mãe de Maria descobriu que sua filhinha tinha uma voz maravilhosa. Ela incentivou Maria a cantar, para ganhar dinheiro e ajudar a família. Tentou inscrevê-la no Conservatório de Atenas, cidade da Grécia onde viviam, mas Maria não foi aceita por ser jovem demais. Então a mãe encontrou outra professora.

Quando a mulher ouviu pela primeira vez Maria cantando, ficou impressionada. Ela disse que aquela era a voz mais maravilhosa que já tinha ouvido.

Em questão de poucos meses, Maria não apenas dominava todas as árias mais difíceis, como cantava em um estilo que tocava diretamente o coração. Maria se inscreveu outra vez no Conservatório de Atenas e desta vez foi aceita.

Debutou nos palcos no teatro de ópera mais prestigioso do mundo: o La Scala, em Milão, Itália. Quando começou a cantar, o público acompanhou nota por nota, palavra por palavra, enquanto sua voz transmitia paixão, ódio, alegria e amor. No fim da apresentação, todos ficaram de pé, aplaudindo e gritando. O palco ficou coberto de rosas, que foram jogadas em sua homenagem.

Maria ficou conhecida simplesmente como "La Divina", a soprano mais famosa do mundo.

2 DE DEZEMBRO DE 1923 – 16 DE SETEMBRO DE 1977

GRÉCIA

ILUSTRAÇÃO DE
MARTA SIGNORI

MARIA MONTESSORI

MÉDICA E EDUCADORA

Certa vez, existiu uma professora que trabalhava com crianças com necessidades especiais. Seu nome era Maria e ela também era médica.

Em vez de simplesmente aplicar velhos métodos de ensino, Maria observava as crianças para descobrir como aprendiam. Em sua escola, as crianças não eram forçadas a fazer o que a professora mandava. Podiam se mover à vontade pelo espaço e escolher a atividade de que mais gostavam.

As técnicas inovadoras de Maria provaram ser muito efetivas para crianças com necessidades especiais, então ela decidiu abrir uma escola em que pudesse aplicar seu método de ensino. Ela a chamou de Casa das Crianças.

Para a Casa das Crianças, Maria inventou móveis do tamanho dos alunos: cadeiras pequenas e leves – que eles pudessem mover com facilidade – e prateleiras baixas, para que pudessem alcançar o que quisessem sem ter de pedir ajuda aos adultos todas as vezes.

Maria também inventou brinquedos que incentivavam as crianças a descobrir o mundo de forma prática e independente. Nas aulas, as crianças aprendiam a abotoar e desabotoar a roupa, a carregar um copo de água sem derrubar o conteúdo, a arrumar a mesa para si mesmas.

"As crianças que são autossuficientes", ela dizia, "que são capazes de amarrar os próprios sapatos, vestir-se e despir-se, [vão sentir] alegria e ter consciência de suas conquistas."

O Método Maria Montessori é aplicado em milhares de escolas e ajuda crianças do mundo todo a crescerem mais fortes e mais livres.

31 DE AGOSTO DE 1870 – 6 DE MAIO DE 1952

ITÁLIA

ILUSTRAÇÃO DE
CRISTINA SPANÒ
"NUNCA AJUDE UMA CRIANÇA A REALIZAR UMA TAREFA QUE ELA SE SENTE CAPAZ DE FAZER SOZINHA."
—MARIA MONTESSORI

MARIA REICHE

MATEMÁTICA E ARQUEÓLOGA

Em uma casinha no deserto peruano vivia uma aventureira matemática alemã chamada Maria Reiche.

Desenhadas nas rochas secas no solo do deserto havia centenas de linhas. Ninguém sabia para que estavam lá, sua origem nem há quanto tempo tinham sido feitas.

Essas linhas misteriosas, chamadas linhas de Nazca, se tornaram a paixão de Marie. Ela sobrevoou o deserto com a Força Aérea Peruana para mapear as linhas e, quando não havia aviões disponíveis, ela simplesmente subia na maior escada que podia encontrar para observá-las do alto. Algumas delas tinham sido cobertas pelo pó, e ela utilizou vassouras para limpá-las e visualiza-lás melhor.

Estudando as linhas, Maria descobriu coisas incríveis. Não se tratava de rabiscos sem sentido, mas de desenhos enormes, feitos pelo povo que ali viveu há milhares de anos. Havia um beija-flor! Mãos entrelaçadas! Flores! Uma aranha! Todos os tipos de formas geométricas!

Por que será que esse povo antigo criou desenhos que só podem ser vistos do céu? O que eram esses desenhos? Maria estava determinada a resolver o mistério.

Ela descobriu que as linhas correspondiam às constelações no céu noturno. "É um mapa gigante dos céus", ela dizia.

Quando Maria se mudou da Alemanha para o Peru, ela não estava em busca de desenhos gigantes e misteriosos. Mas, quando os encontrou, soube imediatamente que passaria o resto da vida tentando entendê-los. Ela ficou conhecida como "A Dama das Linhas."

15 DE MAIO DE 1903 – 8 DE JUNHO DE 1998

ALEMANHA

ILUSTRAÇÃO DE
GAIA STELLA

"QUANDO VIM PELA PRIMEIRA VEZ AO PERU, POR MAR, O NAVIO PASSOU PELO CENTRO DE QUATRO ARCO-ÍRIS: QUATRO ARCO-ÍRIS, UM DENTRO DO OUTRO!"
—MARIA REICHE

MARIA SIBYLLA MERIAN

NATURALISTA

Maria era uma garotinha que adorava arte. Todos os dias, ela colhia flores para pintá-las. Às vezes, encontrava lagartas nas flores e ia pintando suas mudanças, dia após dia, até se transformarem em lindas borboletas.

Naquela época, pensava-se que as borboletas simplesmente surgiam magicamente do meio da lama. Maria sabia que não era assim, mas ninguém acreditava nela.

Conforme os anos se passaram, Maria virou uma grande aquarelista. Escreveu sobre suas descobertas, mas, naquele tempo, os cientistas só levavam a sério livros escritos em latim, e Maria era alemã.

Um dia, Maria e a filha decidiram se mudar para uma nova cidade: Amsterdam, na Holanda. Lá, Maria encontrou caixas-mostruários cheias de insetos exóticos coletados na América do Sul e pensou: "Se eu pudesse estudar esses insetos em seu habitat natural, poderia escrever um livro que as pessoas notarão".

Ela vendeu suas aquarelas e viajou para a América do Sul. Nas florestas tropicais do Suriname, Maria e a filha escalaram árvores gigantescas para estudar os insetos que viviam no alto. Ela escreveu um novo livro em latim e, dessa vez, foi um sucesso absoluto. Todos aprenderam que as borboletas e as mariposas se originavam de lagartas, não do barro! O processo é chamado de *metamorfose* (do grego *metamorphosis*, que significa "mudança de forma"). Hoje em dia, sabemos que muitos animais passam pela metamorfose: sapos, mariposas, besouros, carangejos... e tudo graças ao trabalho de Maria Sibylla Merian!

2 DE ABRIL DE 1647 – 13 DE JANEIRO DE 1717

ALEMANHA

ILUSTRAÇÃO DE AMANDA HALL

MARIE CURIE

CIENTISTA

Certa vez, na Polônia, havia uma escola secreta. Ela era chamada de Universidade Flutuante.

Na época, a Polônia pertencia à Rússia, e o governo estrangeiro limitava muito o que as pessoas podiam ou não estudar. As garotas não tinham o direito de frequentar a universidade.

Marie e a irmã passaram a estudar em uma escola secreta, mas ficaram cansadas de se esconder. Um dia, ouviram dizer que em Paris havia uma universidade chamada Sorbonne, que aceitava garotas, e decidiram se mudar para a França.

Marie Curie era fascinada por metais e magnetismo. Ela descobriu que alguns minerais eram radiativos. Liberavam raios potentes e brilhavam no escuro. Para analisar as propriedades desses minerais, Marie punha fogo neles, os derretia, filtrava e ficava acordada a noite toda para observá-los brilhar.

A radiação é hoje utilizada para tratar muitas doenças, mas ela também é muito perigosa. Imagine você que, após todos esse anos, os cadernos e os instrumentos usados por Marie ainda estão radioativos! Se quiser olhar para eles, você precisa usar roupas e luvas protetoras.

O marido de Marie, Pierre, ficou tão intrigado pela pesquisa dela que decidiu abandonar seu trabalho com cristais para se juntar à esposa. Juntos, eles descobriram dois novos elementos radiativos: o polônio e o rádio.

Marie Curie ganhou dois Prêmios Nobel por seu trabalho e poderia ter ganhado muito dinheiro por suas descobertas. No entanto, ela preferiu deixar a pesquisa disponível para todos, gratuitamente.

7 DE NOVEMBRO DE 1867 – 4 DE JULHO DE 1934

POLÔNIA

ILUSTRAÇÃO DE CLAUDIA CARIERI

"NADA NA VIDA EXISTE PARA SER TEMIDO, APENAS PARA SER COMPREENDIDO."
—MARIE CURIE

MARY ANNING

PALEONTOLOGISTA

Em uma casinha pequena e apertada na costa sul da Inglaterra vivia uma garota chamada Mary. A casa ficava tão perto do mar que, às vezes, nos temporais, era alagada.

Os ventos e as tempestades que varriam a costa sempre deixavam à mostra fósseis nas encostas ao longo do mar. Fósseis são remanescentes pré-históricos de plantas e animais que morreram há muito tempo.

Mary não podia frequentar a escola regular porque sua família era pobre demais. Mesmo assim, conseguiu aprender a ler e a escrever. Ela estudou Geologia para conhecer mais sobre as rochas, e Anatomia para descobrir mais sobre os esqueletos dos animais pré-históricos que encontrava.

Certo dia, ela viu uma forma estranha que se destacava de uma pedra. Mary pegou seu martelinho especial e, cuidadosamente, foi desbastando o objeto. Pouco a pouco, ela desenterrou um esqueleto de mais de 9 metros de comprimento. O esqueleto tinha um longo bico, mas não era de um pássaro. Carreiras de dentes afiadíssimos, mas não eram de um tubarão. Barbatanas, mas não eram de um peixe. E, ainda por cima, uma cauda longa e fina! Foi a primeira descoberta desse tipo de fóssil feita por alguém, então Mary deu a ele o nome de *ichthyosaur*, que significa *peixe-lagarto*.

Naquela época, acreditava-se que a Terra tivesse apenas milhares de anos. Os fósseis descobertos por Mary ajudaram a provar que existia vida em nosso planeta há centenas de milhões de anos.

Cientistas do mundo inteiro foram conhecer Mary, a cientista autodidata que adorava andar nas rochas junto do mar.

21 DE MAIO DE 1799 – 9 DE MARÇO DE 1847

REINO UNIDO

ILUSTRAÇÃO DE
MARTINA PAUKOVA
"MEU NOME É CONHECIDO
POR TODA A EUROPA."
—MARY ANNING

MARY EDWARDS WALKER

CIRURGIÃ

Era uma vez uma garota chamada Mary que se vestia do jeito que quisesse: usava botas, calças, gravatas e camisas masculinas.

Naquela época, as garotas costumavam usar espartilhos muito apertados, amarrados no corpo, e camadas e mais camadas de saiotes embaixo da saia. Era difícil de se mexer e até de respirar em roupas desse tipo. Mas, diferentemente dos pais de todas as suas amigas, a mãe e o pai de Mary eram da opinião de que todos – inclusive as garotas – tinham o direito de se vestir como quisessem. O pai de Mary, um carpinteiro, pensava que todos os filhos e filhas estariam mais felizes e saudáveis usando calças e saias confortáveis, especialmente nos verões quentes e úmidos.

Mary ficava feliz com isso – afinal, preferia usar roupas de menino. O pai também incentivava Mary, as irmãs e o irmão a estudar. Ela queria ser médica, por isso frequentou a escola de Medicina e se formou como uma das primeiras médicas nos Estados Unidos.

Em sua cerimônia de casamento com um colega médico, ela vestiu calça e paletó, porque gostava mais desse traje do que de vestidos de noiva tradicionais. Quando a Guerra Civil – também conhecida como Guerra de Secessão – estourou, ela se voluntariou para servir no Exército da União.

Algumas vezes, Mary chegou a ser presa por vestir roupas masculinas. Mas, para ela, aquelas eram simplesmente roupas – apenas vestia aquilo de que gostava. Mary salvou muitas vidas durante a Guerra Civil e, depois que a guerra acabou, foi condecorada com uma Medalha de Honra do Congresso. Ela a usou pelo resto da vida, na gola de seu paletó, pertinho da gravata.

26 DE NOVEMBRO DE 1832 – 21 DE FEVEREIRO DE 1919

ESTADOS UNIDOS

ILUSTRAÇÃO DE ELIZABETH BADDELEY

"DEIXEM QUE AS NOVAS GERAÇÕES SAIBAM QUE MULHERES USANDO UNIFORMES TAMBÉM LUTARAM PARA GARANTIR SUA LIBERDADE."

—MARY EDWARDS WALKER

MARY KOM

BOXEADORA

Certa vez, na Índia, vivia uma garotinha chamada Mary. A família dela era muito pobre e tinha dificuldades para comprar comida. Mary queria ajudar os pais a terem uma vida melhor, então decidiu se tornar uma lutadora de boxe.

Um dia, ela se encheu de coragem e foi direto falar com o técnico, numa academia de boxe. "Você poderia me treinar?", ela perguntou. "Você é muito pequena", ele respondeu. "Vá embora!"

Mas quando o técnico terminou seu dia de trabalho, lá estava Mary, ainda esperando por ele no portão. "Eu quero lutar. Me ponha no ringue", ela pediu.

Relutantemente, o técnico a aceitou na academia e Mary começou a treinar pesado. Então passou a competir e ganhou muitas lutas, mas ainda não tinha contado aos pais que estava lutando – ela não queria deixá-los preocupados.

Um dia, o pai leu a respeito dela nos jornais. "Essa é você?", ele perguntou, preocupado. "Sim", Mary respondeu, cheia de orgulho. "Mas e se você se machucar?", a mãe perguntou. "Não temos dinheiro para pagar um médico!"

"Vou trabalhar e guardar o máximo que puder. Não se preocupem", ela respondeu.

E seguiu em frente. Dormia em pensões, comia vegetais e arroz porque não tinha dinheiro para carne, pulava o café da manhã porque só tinha dinheiro para almoço e jantar e, por fim, se tornou uma campeã.

Seus pais assistiam às suas lutas pela TV. Mary ganhava uma medalha após a outra. Ela chegou até a ganhar uma nos Jogos Olímpicos!

Por fim, conseguiu sustentar sua família e deixou sua aldeia muito orgulhosa de seus feitos.

NASCIDA EM 1° DE MARÇO DE 1983

ÍNDIA

ILUSTRAÇÃO DE PRIYA KURIYAN

"NÃO CONSIGO VIVER SEM O BOXE. EU AMO LUTAR BOXE."
—MARY KOM

MATILDE MONTOYA

MÉDICA

Era uma vez, no México, uma mulher chamada Soledad que tinha uma filhinha de nome Matilde.

Soledad logo percebeu que a filha era excepcionalmente inteligente. Aos 4 anos, já sabia ler e escrever e, aos 12, já tinha habilidades suficientes para frequentar o Ensino Médio.

Quando fez 16 anos, Matilde começou a estudar para ser parteira. Mas ela sonhava mais alto. Queria ser médica.

Quando ingressou na Escola Nacional de Medicina de seu país, era a única aluna mulher a frequentar o lugar. Uma porção de gente lhe dizia que mulheres não podiam ser médicas, mas Matilde tinha a mãe e as amigas como apoio.

No fim do primeiro ano, a universidade tentou expulsar Matilde.

Ela imediatamente escreveu uma carta para o presidente do México pedindo ajuda. Escreveu para a universidade pedindo que deixassem de ser injustos com ela. Por fim, conseguiu terminar o curso de Medicina, mas a universidade a impediu de fazer as provas finais.

Mais uma vez, ela escreveu ao presidente, e, de novo, ele interviu em seu favor. Desta vez, ele criou até uma lei que autorizava qualquer mulher a estudar Medicina e se tornar médica.

No dia seguinte, os jornais do país inteiro comemoraram a história de "La Señorita Matilde Montoya", a primeira mulher a se tornar médica no México.

14 DE MARÇO DE 1859 – 26 DE JANEIRO DE 1939

MÉXICO

ILUSTRAÇÃO DE
CRISTINA PORTOLANO

• MAUD STEVENS WAGNER •

TATUADORA

Certa vez existiu uma garota que gostava de tatuagens. Seu nome era Maud e ela era artista de circo.

Maud era uma grande acrobata e contorcionista. As pessoas vinham para vê-la atuando lá no alto, como se estivesse voando.

Um dia, ela conheceu um homem chamado Gus Wagner que tinha o corpo coberto de tatuagens: macacos, borboletas, leões, cavalos, cobras, árvores, mulheres – qualquer coisa que se pudesse imaginar!

"Sou uma obra-de-arte ambulante!", ele costumava dizer.

Maud gostava tanto das tatuagens de Gus que concordou em sair com ele, se ele fizesse uma tatuagem nela.

Foi assim que Gus fez uma tatuagem em Maud, depois outra e mais outra... até que o corpo dela ficou também coberto de tatuagens.

Maud aprendia rápido e logo começou a trabalhar como tatuadora para outros artistas de circo e para o público em geral, tudo enquanto continuava como acrobata no circo e nos parques de diversão.

Naquela época, era incomum ter tatuagens pelo corpo, e o público corria para o circo para ficar olhando fixamente para aquela mulher vestindo pouca roupa, com a pele exposta coberta de tatuagens.

Maud e Gus trabalhavam tão bem juntos que se tornaram inseparáveis. Acabaram se casando e espalhando a arte da tatutagem para além dos circos e dos espetáculos artísticos por todo o país.

Maud foi a primeira artista tatuadora de que se tem notícia nos Estados Unidos.

FEVEREIRO DE 1877 – 30 DE JANEIRO DE 1961

ESTADOS UNIDOS

ILUSTRAÇÃO DE
GIULIA FLAMINI

MAYA ANGELOU

ESCRITORA

Era uma vez uma garotinha que ficou sem falar durante cinco anos. Ela pensava que suas palavras poderiam magoar as pessoas, por isso prometeu nunca mais voltar a dizer uma palavra sequer. Seu nome era Maya.

As pessoas pensavam que Maya era maluca, mas ela estava apenas amedrontada. "Eu sei que você vai voltar a falar algum dia", a avó vivia dizendo para ela. "Você vai encontrar sua voz", seu querido irmão falava.

Maya escutava o que diziam e começou a memorizar tudo que ouvia ou lia: poemas, músicas, contos, conversas sobre qualquer assunto. "Era como colocar um CD para tocar. Se quisesse, eu podia percorrer minha memória e pensar: é isso que quero ouvir", ela lembrava, anos depois.

Maya ficou tão boa em memorizar palavras que, quando começou a escrever, era como se uma música emanasse de sua caneta. Ela escreveu sobre sua infância crescendo em uma cidade onde as pessoas negras eram maltratadas apenas por causa da cor da pele.

Seus textos se tornaram a voz do movimento dos direitos civis dos negros nos Estados Unidos e de todas as pessoas que lutaram pelos direitos dos afro-americanos nos Estados Unidos. Ela vivia relembrando: "Seja negro ou seja branco, seja homem ou mulher, todos têm direitos iguais".

Além de muitos livros, Maya era tão talentosa que escreveu canções, peças e filmes e trabalhou como atriz no teatro e nas telas.

"Olhem só para mim: negra, mulher, americana e sulista", ela disse certa vez para um grupo de estudantes negros. "Olhem para mim e olhem para si mesmos. Há algo que vocês não consigam fazer?"

4 DE ABRIL DE 1928 – 28 DE MAIO DE 2014

ESTADOS UNIDOS

ILUSTRAÇÃO DE
THANDIWE TSHABALALA

"MINHA MISSÃO NA VIDA NÃO É APENAS SOBREVIVER, MAS FLORESCER; E FAZER ISSO COM PAIXÃO, COMPAIXÃO, HUMOR E ESTILO."
—MAYA ANGELOU

MAYA GABEIRA

SURFISTA

Era uma vez uma garota que adorava ondas grandes. Não aquelas que batem na gente quando estamos na beira do mar. Nem mesmo aquelas que vemos quando olhamos para a água do alto de um píer. Ela gostava é de ondas monstruosas super-mega-gigantes e queria se tornar uma Supermulher do Surfe.

"Ah, Maya, de novo?", a mãe se lamentava cada vez que a filha ia para o mar. "Você vive molhada e com frio, e todos os outros surfistas são garotos!" Mas Maya nem ligava. O surfe era sua paixão. "E quanto aos garotos, bem, é melhor eles irem se acostumando comigo!", ela dizia.

Ela começou a viajar pelo mundo em busca das maiores ondas: Austrália, Havaí, Portugal e outros lugares. Maya subia em um avião e voava para onde quer que pudesse pegar a próxima onda gigante. Uma vez, na África do Sul, ela pegou uma onda de catorze metros de altura – a maior até então para uma mulher surfista. Ela ganhou todas as grandes competições e tornou-se a surfista de ondas gigantes mais bem paga do mundo.

Um dia, porém, quando estava surfando em Portugal, uma onda a pegou de surpresa. O muro de água se espatifou sobre ela, arrastando-a para o fundo. Ela quebrou alguns ossos e quase se afogou antes que seu parceiro a resgatasse e lhe fizesse a reanimação cardíaca. Depois de um incidente tão assustador, a maior parte das pessoas teria ficado com medo de voltar para a água e chegaria até a pensar em uma mudança de carreira.

Não Maya.

Assim que se curou, Maya retornou à mesma praia em Portugal. "Adoro este lugar", ela diz. "O surfe por aqui é épico!"

NASCIDA EM 10 DE ABRIL DE 1987

BRASIL

ILUSTRAÇÃO DE
MARTINA PAUKOVA
"CORRI MUITO, SURFEI
MUITO, TRABALHEI MUITO."
—MAYA GABEIRA

MELBA LISTON

COMPOSITORA E TROMBONISTA

Era uma vez uma garotinha chamada Melba que desejava tocar trombone. Quando tinha 7 anos, uma tenda ambulante de objetos musicais chegou à sua cidade. Entre os objetos que estava sendo vendidos, Melba viu um instrumento de latão brilhante, e logo soube que tinha de ter um daqueles. "Aquele!?", a mãe exclamou. "Para uma garotinha pequenininha como você? Ele é quase do seu tamanho!" Mas Melba insistiu: "É a coisa mais linda que já vi na vida!"

Melba começou a tocar trombone todos os dias. Ela havia estudado música com o avô, mas era quase autodidata. "Vou aprender sozinha. Vou tocar de ouvido", dizia. Foi difícil, mas ela adorava o som ousado, atrevido, que o instrumento fazia. Em um ano, ela sabia o bastante para tocar um solo de trombone na estação de rádio local.

Quando era ainda adolescente, Melba fez um tour pelos Estados Unidos com uma banda liderada pelo trumpetista Gerald Wilson. Alguns anos depois, foi contratada para acompanhar Billie Holiday – uma das maioras cantoras de jazz da época – em um tour pelo Sul do país.

A viagem não foi tão bem-sucedida quanto esperavam. Ao voltar para casa, Melba decidiu parar de tocar por algum tempo. Mas sua paixão era grande demais e ela voltou a escrever e tocar música. Ela chegou até a lançar um álbum solo, *Melba Liston and Her 'Bones* (Melba Liston e Seus Trombones). Ela também fez arranjos musicais, marcando o ritmo, harmonias e melodias em canções maravilhosas para todos os grandes músicos do jazz do século XX.

13 DE JANEIRO DE 1926 – 23 DE ABRIL DE 1999

ESTADOS UNIDOS

ILUSTRAÇÃO DE
ALICE BARBERINI

"EU TINHA QUE
PROVAR A MIM
MESMA QUE
ERA CAPAZ."
—MELBA LISTON

MICHAELA DEPRINCE

BAILARINA

Houve certa vez uma menina chamada Michaela que perdeu os pais em uma guerra terrível.

Michaela tinha vitiligo, uma doença de pele que fazia surgir manchas brancas na pele de seu rosto e de seu pescoço. Por causa de sua aparência, as crianças do orfanato a chamavam de "filha do diabo". A pequena Michaela vivia solitária e com medo – assim como outra garota chamada Mia. Quando Michaela sentia medo, Mia cantava para ela. Quando Michaela não conseguia dormir, Mia lhe contava histórias. As duas se tornaram melhores amigas.

Um dia, um vento carregou para dentro dos portões do orfanato uma revista. Na capa, havia uma moça vestindo uma saia curta e brilhante, equilibrada na ponta dos pés. "Ela é uma bailarina", contou a professora para Michaela.

"Ela parece tão feliz!", pensou a pequena Michaela, que tinha apenas 4 anos. "Eu quero ser igual a ela."

Logo depois, Michaela foi levada para uma longa viagem, ela e Mia foram separadas. Para deixar de sentir medo, Michaela começou a sonhar.

Imaginou que ela e Mia tinham uma mamãe que era bailarina.

No final da viagem, uma mulher veio dizer que queria não apenas adotar Michaela, mas Mia também!

Os sonhos de Michaela estavam se tornando realidade. Então, onde estava seu tutu? Michaela começou a procurar por toda parte. "O que você está procurando?", perguntou sua nova mãe. Michaela lhe mostrou a revista.

"Você também pode ser uma bailarina!", a mãe respondeu, sorrindo.

Michaela foi dançarina do balé Nacional da Holanda e hoje em dia é bailarina do Boston Ballet.

NASCIDA EM 6 DE JANEIRO DE 1995

SERRA LEOA

ILUSTRAÇÃO DE
DEBORA GUIDI
"NUNCA TENHA MEDO DE SER UMA
PAPOULA NUM CAMPO DE NARCISOS."
—MICHAELA DEPRINCE

MICHELLE OBAMA

ADVOGADA E PRIMEIRA-DAMA

Era uma vez uma garota que vivia com medo. Seu nome era Michelle LaVaughn Robinson e ela morava em um pequeno apartamento em Chicago com a família.

"Talvez eu não seja inteligente o suficiente", ela pensava. "Talvez eu não seja boa o suficiente." E sua mãe dizia: "Se uma coisa é possível, ela pode ser feita." "Tudo é possível", o pai repetia.

Michelle se esforçava muito. Mesmo assim, às vezes, as pessoas lhe diziam para não sonhar alto demais. Que ela nunca ia conseguir nada especial porque: "Era apenas uma menina negra do lado sul de Chicago".

Mas Michelle decidiu ouvir os pais. "Tudo é possível", ela pensou. Assim, graduou-se na Universidade de Harvard e se tornou advogada, trabalhando para uma grande empresa.

Um dia, seu chefe a designou para ser mentora de um jovem advogado. Seu nome era Barack Hussein Obama.

Os dois se apaixonaram e, alguns anos mais tarde, se casaram.

Por fim, Barack disse a Michelle que queria ser presidente dos Estados Unidos. No começo, ela pensou que ele estivesse maluco, mas então se lembrou das palavras da mãe: "Se uma coisa é possível, ela pode ser feita". Então Michelle deixou o emprego para ajudá-lo na campanha.

Barack ganhou a eleição e foi presidente por dois mandatos consecutivos. E Michelle se tornou a primeira mulher negra a ser primeira-dama nos Estados Unidos. "Ninguém nasce inteligente", ela gosta de dizer. "Tudo que se conquista na vida vem à custa de muito trabalho."

NASCIDA EM 17 DE JANEIRO DE 1964

ESTADOS UNIDOS

ILUSTRAÇÃO DE
MARTA SIGNORI

"SEJA SEMPRE FIEL A SI MESMA E NÃO DEIXE AQUILO QUE AS PESSOAS DIZEM DESVIÁ-LA DE SEUS OBJETIVOS."

—MICHELLE OBAMA

MILLO CASTRO ZALDARRIAGA

PERCUSSIONISTA

Certa vez viveu uma garotinha de origem cubana, chinesa e africana que sonhava ser percusionista. Ela vivia em uma ilha cheia de música, cores e mamões deliciosos. Seu nome era Millo.

Todos na ilha sabiam que só os meninos tinham permissão para tocar tambores.

"Vá para casa", gritavam para Millo. "Isso não é coisa de meninas."

Mas o que eles não sabiam é que a paixão de Millo pelos tambores era mais forte que um caranguejo-dos-coqueiros.

Durante o dia, Millo ouvia todos os sons a seu redor: as palmeiras dançando ao vento, os beija-flores batendo as asinhas, o som de pular em uma poça de lama com os dois pés: SPLASH!

À noite, Millo sentava na praia e ficava ouvindo o som do mar. "Por que não posso ser percussionista?", perguntava para as ondas que quebravam na praia.

Um dia, Millo convenceu o pai a levá-la para uma aula de música.

Timbales, tambores, bongôs... ela conseguia tocar qualquer instrumento de percussão. A professora ficou tão impressionada que passou a dar aulas para Millo todos os dias. "Vou tocar numa banda de verdade", Millo vivia dizendo. Quando sua irmã Cuchito organizou a Anacaona, a primeira banda cubana composta só de garotas, Millo, então com 10 anos, seu uniu ao grupo como percussionista. Logo a banda já estava fazendo todo mundo dançar.

Millo se tornou uma musicista famosa no mundo inteiro. Chegou até a tocar no aniversário de um presidente americano quando tinha apenas 15 anos.

NASCIDA POR VOLTA DE 1922

CUBA

ILUSTRAÇÃO DE
SARAH WILKINS

IRMÃS MIRABAL

ATIVISTAS

Quando um ditador cruel de nome Rafael Trujillo tomou o poder na República Dominicana, quatro irmãs começaram a lutar pela liberdade.

Elas eram as irmãs Mirabal, cujos nomes eram Minerva, Patria, Maria Teresa e Dedé. As pessoas as chamavam de *Las Mariposas*, "As Borboletas".

Elas distribuíam panfletos e organizaram um movimento para protestar contra Trujillo e restaurar a democracia em seu país. Trujillo, é claro, não gostou nada disso.

Para ele, garotas como as irmãs Mirabal eram boa companhia para festas. Esperava delas que o cumprimentassem, recebessem flores e presentes, sorrissem e dissessem "muito obrigada". Não esperava que levantassem a voz, discordassem e tentassem derrubar o regime! A feroz independência das Borboletas o atemorizava, então ele tentou diferentes estratégias para calá-las.

Colocou-as na prisão e proibiu Minerva de advocar. Prendeu Minerva e a mãe em um quarto de hotel. Tentou até seduzir Minerva! Mas ela disse não. Não estava em seus planos ser namorada de um tirano poderoso. O que desejava era apenas libertar seu país.

A coragem das irmãs inspirou os dominicanos e lhes deu força para se opor ao regime de Trujillo que, por fim, caiu.

No alto obelisco que o antigo ditador construiu para celebrar seu poder, há hoje um mural honrando as Irmãs Mirabal, quatro borboletas que desafiaram um tirano.

PATRIA, 27 DE FEVEREIRO DE 1924 – 25 DE NOVEMBRO DE 1960
MINERVA, 12 DE MARÇO DE 1926 – 25 DE NOVEMBRO DE 1960
MARIA TERESA, 15 DE OUTUBRO DE 1935 – 25 DE NOVEMBRO DE 1960
DEDÉ, 1° DE MARÇO DE 1925 – 1° DE FEVEREIRO DE 2014
REPÚBLICA DOMINICANA

"NÃO PODEMOS PERMITIR QUE NOSSOS FILHOS CRESÇAM NESSE REGIME TIRÂNICO E CORRUPTO."
—PATRIA MIRABAL

ILUSTRAÇÃO DE
RITA PETRUCCIOLI

MIRIAM MAKEBA

ATIVISTA E CANTORA

Houve um tempo em que o povo da África do Sul era tratado de forma muito diferente, dependendo da cor da pele. Era considerado ilegal que negros e brancos ficassem juntos no mesmo ambiente, se apaixonassem e casassem. Esse sistema cruel era chamado de *apartheid*.

Foi num mundo assim que nasceu uma garotinha que adorava cantar. Todo domingo, Miriam ia à igreja com a mãe. Ela desejava tão desesperadamente cantar no coro que costumava entrar escondido na sala onde eles ensaiavam.

Depois que cresceu, Miriam gravou mais de cem canções com uma banda formada apenas de garotas, as *Skylarks* (Cotovias).

Ela cantava sobre a vida na África do Sul: o que lhes dava alegria, o que os entristecia, o que os deixava com raiva. Ela cantava sobre a dança e sobre o *apartheid*.

As pessoas adoravam as músicas, especialmente uma que se chama "Pata Pata", que foi seu maior sucesso. Mas o governo do país, não gostava da mensagem anti-*apartheid* das músicas de Miriam. Eles queriam silenciar sua voz de protesto. Quando Miriam saiu do país em um tour, eles confiscaram seu passaporte, para não permitir que retornasse.

Miriam viajou pelo mundo todo e se tornou um símbolo da orgulhosa luta do povo africano por liberdade e justiça. As pessoas passaram a chamá-la de "Mama África".

Só trinta e um anos mais tarde ela foi autorizada a voltar para casa. Logo depois, o sistema de *apartheid* foi finalmente derrubado.

4 DE MARÇO DE 1932 – 9 DE NOVEMBRO DE 2008

ÁFRICA DO SUL

ILUSTRAÇÃO DE
HELENA MORAIS SOARES
"QUANDO 'PATA PATA'
TOCA, TODO MUNDO
COMEÇA A SE MEXER."
—MIRIAM MAKEBA

• MISTY COPELAND •

BAILARINA

Era uma noite bonita quando Misty subiu ao palco, depois de um teste rápido para ser a bailarina principal de um balé chamado *Firebird* (Pássaro de Fogo). Misty era a única mulher negra em uma das mais famosas companhias de dança do mundo. Também era a primeira vez que atuava como primeira bailarina.

Assim que a cortina se ergueu, seus braços se moveram graciosamente, como as asas de um pássaro, ela girou, fez piruetas e flutuou através do palco em pulos longos e bonitos. O público ficou paralisado.

Quando a cortina desceu ao final, ela contou algo que ninguém podia imaginar: Misty havia quebrado a perna e tinha sentido muita dor durante toda a apresentação. Tinha seis fraturas na canela e precisava ser operada. Parecia impossivelmente cruel que, na mesma noite em que havia realizado seu sonho, ela recebesse a notícia de que talvez jamais pudesse dançar outra vez.

Para Misty, isso era inconcebível. Ela amava demais o balé para aceitar. A dança encontrou Misty quando ela tinha 13 anos e morava com a mãe e suas cinco irmãs em um hotel barato. A dança a havia encontrado quando ela nunca nem tinha pensado que pudesse ganhar a vida com um trabalho pelo qual fosse tão apaixonada.

Então ela passou pela cirurgia, pelo tratamento, e se esforçou mais do que nunca para estar em forma e poder dançar de novo com o *American Ballet Theatre*.

Algum tempo depois, ela dançou *O Lago dos Cisnes*, representando um verdadeiro cisne negro, mais forte e elegante do que nunca.

NASCIDA EM 10 DE SETEMBRO DE 1982

ESTADOS UNIDOS

"FOI A DANÇA QUE
ME ENCONTROU."
—MISTY COPELAND

ILUSTRAÇÃO DE
PING ZHU

NANCY WAKE

ESPIÃ

Era uma vez uma garota que se tornou agente secreta. Quando tinha apenas 16 anos, Nancy viajou da Austrália para a França para convencer um jornal a contratá-la. Quando estourou a Segunda Guerra Mundial, juntou-se à Resistência Francesa (os *Maquis*) em sua luta contra os nazistas.

Mais tarde, depois de fugir para a Inglaterra, desceu de paraquedas na França para organizar os combatentes da resistência e salvar pilotos britânicos cujos aviões haviam sido derrubados. Ela conseguia para eles identidades falsas e depois os transportava pelas montanhas até a Espanha, para que pudessem voltar a salvo para a Inglaterra.

Enganou a polícia secreta alemã (a *Gestapo*) tantas vezes que seu nome passou a ser o primeiro da Lista dos Mais Procurados. Eles a apelidaram de "*White Mouse*" (Rato Branco), porque parecia impossível apanhá-la!

Nancy também era um grande soldado. Era uma excelente atiradora e nunca perdia a calma. Quando sua unidade sofreu um ataque surpresa dos alemães, ela assumiu o comando de uma seção cujo líder havia sido morto e, com excepcional frieza, organizou uma retirada sem perder mais vidas.

Quando a guerra terminou e a França foi finalmente libertada, Nancy recebeu várias condecorações: a *George Medal* (Medalha George), dos britânicos; os franceses lhe deram três *Croix de Guerre* (Cruz de Guerra) e a *Médaille de la Résistence* (Medalha da Resistência). Mais tarde foi considerada *Knight of the Legion of Honor* (Cavaleiro da Legião de Honra) – sua maior condecoração. Os americanos lhe deram a *Medal of Freedom* (Medalha da Liberdade).

30 DE AGOSTO DE 1912 – 7 DE AGOSTO DE 2011

NOVA ZELÂNDIA

ILUSTRAÇÃO DE
MONICA GARWOOD
"PELO AMOR DE DEUS, OS ALIADOS ME LANÇARAM DE PARAQUEDAS NO MEIO DA FRANÇA PARA FRITAR OVOS E BACON PARA OS HOMENS?"
—NANCY WAKE

NANNY, RAINHA DOS MAROONS

RAINHA

Certa vez existiu na Jamaica uma mulher ex-escravizada e fugitiva que tinha como ancestrais reis africanos. Ela era líder de um grupo de pessoas também ex-escravizadas que haviam fugido, os *Maroons*, e ficou conhecida como Rainha Nanny.

Na época, a Jamaica estava ocupada pelos ingleses. Eles escravizavam africanos e os mandavam para lá para trabalhar nas plantações de cana-de-açúcar. Mas a Rainha Nanny queria liberdade para si mesma e para o seu povo. Então ela fugiu, libertou muitos outros escravizados e os levou para as montanhas, onde construíram um quilombo chamado Nanny Town (Vila da Nanny).

A única forma de chegar a Nanny Town era por um caminho estreito no meio da selva. A Rainha Nanny ensinou os *Maroons* a se cobrirem com folhas e ramos para se misturarem com a mata. Quando os soldados britânicos passavam andando pela floresta em "fila indiana", não tinham a menor ideia de que estavam cercados. Mas, a um sinal, as "árvores" ao seu redor, de repente, ganhavam vida e atacavam.

Nanny Town, porém, tinha um problema: seus habitantes passavam fome.

Uma noite, enfraquecida pela fome e preocupada com seu povo, a Rainha Nanny pegou no sono. Sonhou com um de seus ancestrais que lhe dizia: "Não desista. A comida está próxima".

Quando ela acordou, encontrou sementes de abóbora em seus bolsos. Plantou-as ao lado da colina e logo seu povo teve o que comer.

Desse dia em diante, a colina perto de Nanny Town passou a ser chamada de *Pumpkin Hill* (Colina da Abóbora).

POR VOLTA DE 1686 – 1733

JAMAICA

ILUSTRAÇÃO DE
JEANETTA GONZALES

NELLIE BLY

REPÓRTER

Em uma cidadezinha do estado da Pensivânia, nos Estados Unidos, vivia uma garota que só se vestia de cor-de-rosa. Seu nome era Nellie.

Depois que o pai de Nellie morreu, sua família passou a viver tempos difíceis. Ela saiu procurando trabalho para ajudar a mãe a dar conta das despesas.

Certo dia, Nellie leu uma matéria num jornal de sua cidade. O título era "Para que servem as garotas". No texto, as garotas que trabalhavam eram descritas como uma "monstruosidade", porque o autor acreditava que lugar de mulher era em casa. Furiosa, Nellie escreveu uma carta intensa para o editor do jornal.

Impressionado por seu estilo de escrever, o editor ofereceu a ela um emprego. Nellie logo provou ser uma corajosa jornalista investigativa. Ela se mudou para Nova York e começou a trabalhar no *New York World* (O Mundo de Nova York), um jornal dirigido por um homem famoso, chamado Joseph Pulitzer.

Certa vez, Nellie chegou ao ponto de fingir que tinha problemas mentais para conseguiu ser examinada em uma instituição e denunciar a maneira cruel como os pacientes eram tratados. Ela era destemida, esperta e empática.

O jornal lhe apresentou, então, um desafio. O escritor Júlio Verne havia escrito um romance chamado *A volta ao mundo em oitenta dias*. Será que ela conseguiria fazer o mesmo num tempo menor? Nellie levou apenas algumas horas para arrumar uma malinha e partir de Nova York em um navio a vapor. Viajando de navio, trem e até em lombo de burro, ela manteve um ritmo extenuante de viagem.

Fizeram até apostas se ela conseguiria ou não realizar a tarefa. Finalmente, 72 dias, 6 horas, 11 minutos e 14 segundos depois de sua partida, ela chegou de volta em Nova York. Ela havia conseguido!

5 DE MAIO DE 1864 – 27 DE JANEIRO DE 1922

ESTADOS UNIDOS

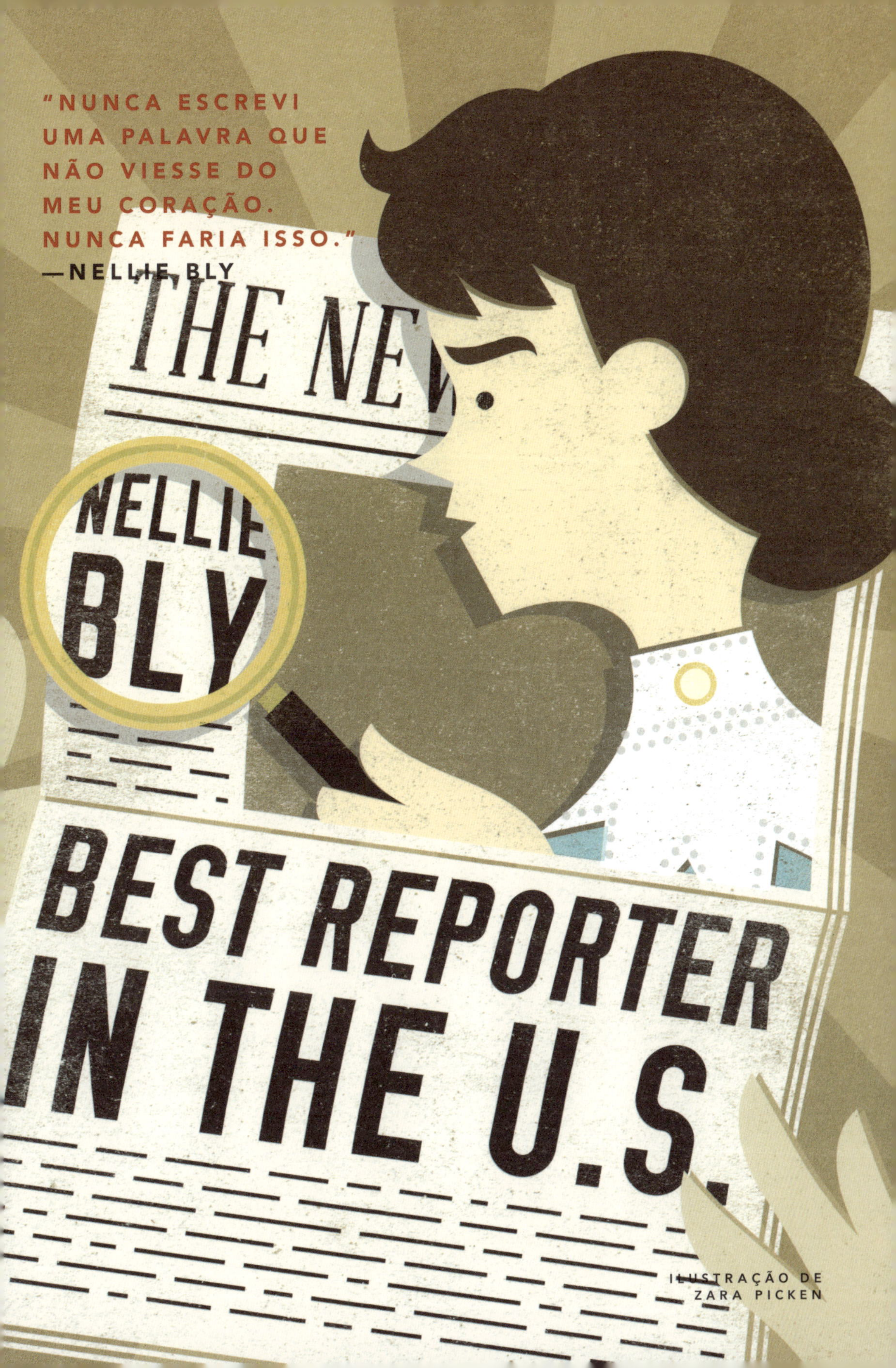
"NUNCA ESCREVI UMA PALAVRA QUE NÃO VIESSE DO MEU CORAÇÃO. NUNCA FARIA ISSO."
—NELLIE BLY
NELLIE BLY
BEST REPORTER IN THE U.S.
ILUSTRAÇÃO DE ZARA PICKEN

NETTIE STEVENS

GENETICISTA

Era uma vez uma professora chamada Nettie Stevens que decidiu se tornar uma cientista. Ela guardou todo o dinheiro que conseguiu e – aos 35 anos – se mudou para a Califórnia para frequentar a Universidade Stanford.

Enquanto estava na universidade, ficou obcecada com a ideia de descobrir por que os meninos nasciam meninos e as meninas nasciam meninas. A resposta, ela tinha certeza, estava no estudo das células.

A humanidade havia se preocupado com essa questão por cerca de 2000 anos. Cientistas e filósofos haviam inventado todo tipo de teorias para explicá-la. Alguns diziam que a definição do sexo do bebê dependia da temperatura do corpo do pai. Outros diziam que tinha a ver com a nutrição... ou seja, resumindo, ninguém havia encontrado nenhuma explicação.

Para resolver esse mistério de uma vez por todas, Nettie começou a estudar as larvas da farinha.

Depois de estudar as células horas a fio no microscópio, ela chegou a uma importante descoberta: as larvas fêmeas tinham vinte grandes cromossomos, enquanto os machos tinham apenas dezenove grandes e um menor.

"Bingo!", Nettie gritou, com os olhos ainda pregados ao miscroscópio.

Um cientista chamado Edmund Wilson fez uma descoberta semelhante quase ao mesmo tempo, mas ele não conseguiu se dar conta de sua real importância. Wilson pensava que a definição do sexo do bebê era também afetada pelo ambiente, mas Nettie disse: "Nananinanão. Tudo tem a ver com os cromossomos". E ela estava absolutamente certa.

7 DE JULHO DE 1861 – 4 DE MAIO DE 1912

ESTADOS UNIDOS

ILUSTRAÇÃO DE
BARBARA DZIADOSZ

"COMO VOCÊ PODE PENSAR QUE SUAS PERGUNTAS PODERIAM ME ABORRECER? ISSO NUNCA VAI ACONTECER ENQUANTO EU MANTIVER MEU ENTUSIASMO PELA BIOLOGIA."

—NETTIE STEVENS

• NINA SIMONE •

CANTORA

Nina era uma garota talentosa e altiva. Quando sua mãe ia à igreja, sem que ninguém notasse, Nina subia no banco do órgão, onde aprendeu a tocar a canção religiosa "God Be with You Till We Meet Again" ("Deus Esteja Com Você Até Que Nos Encontremos De Novo"), Nina tinha apenas 3 anos.

Quando completou 5 anos, o patrão de sua mãe se ofereceu para pagar por aulas de piano, e Nina começou a treinar para se tornar uma pianista clássica. Ela levava a sério as aulas, estudava muito e era absurdamente talentosa.

Aos 12 anos, Nina deu seu primeiro concerto. Seus pais se sentaram na primeira fileira para ouvi-la, mas foram forçados a se mudar para o fundo da sala, dando lugar para as pessoas brancas que entrariam no auditório. Nina se recusou a tocar até que os pais retornassem aos assentos na primeira fileira. Ela extravasava paixão e orgulho na música e não tolerava o racismo. Queria que o povo negro tivesse orgulho, fosse livre, abraçasse seus talentos e paixões, sem se importar com o julgamento.

Foi por isso que escreveu canções como "Brown Baby" ("Bebê Marrom") e "To be Young, Gifted and Black" ("Ser Jovem, Talentosa e Negra"). Nina Simone sabia quanto o racismo magoava as pessoas negras, então queria que suas canções lhes dessem força para lutar. "A pior coisa sobre esse tipo de preconceito...", ela dizia, "é que enquanto você se sente machucada, com raiva e tudo mais, isso alimenta as dúvidas que tem sobre si mesma. Você começa a pensar que talvez não seja mesmo tão boa assim."

Nina decidiu cultivar seu talento e não seu medo e, por fim, tornou-se uma das cantoras de jazz mais famosas do mundo.

21 DE FEVEREIRO DE 1933 – 21 DE ABRIL DE 2003

ESTADOS UNIDOS

ILUSTRAÇÃO
DE PALESA
MONARENG

"VOU CONTAR
PARA VOCÊS
O QUE A LIBERDADE
SIGNIFICA PARA MIM:
NÃO TER MEDO."
—NINA SIMONE

• POLICARPA SALAVARRIETA •

ESPIÃ

Uma vez, na cidade de Bogotá, na Colômbia, viveu uma costureira que era também espiã. Seu nome verdadeiro era secreto, mas a maior parte das pessoas a conhecia como "Policarpa Salavarrieta", ou "La Pola".

Quando era criança, a avó de Policarpa a ensinou a costurar. Mal sabia ela que, um dia, suas habilidades de costura ajudariam a organizar uma revolução.

Naquele tempo, a Colômbia era governada pela distante Espanha. Muita gente – os chamados monarquistas – sentiam orgulho em ter um rei espanhol. Outros eram revolucionários como Policarpa. Queriam que a Colômbia fosse livre.

Os monarquistas estavam sempre caçando os revolucionários. Policarpa precisava viver mudando de nome para não ser capturada.

Enquanto reformava roupas para as damas da sociedade, ela recolhia informações sobre os planos dos monarquistas e passava o que ouvia aos amigos revolucionários.

Um dia, um mensageiro que carregava informação conseguida por Policarpa foi capturado, e a identidade secreta da costureira foi descoberta. Ela foi presa e lhe disseram que sua vida seria poupada apenas se entregasse os nomes de seus amigos. Policarpa olhou diretamente nos olhos de seus interrogadores e disse que não. Ela era uma jovem muito valente, a quem ninguém poderia amedrontar.

Policarpa até hoje serve de inspiração para mulheres e homens da Colômbia e de todo o mundo para lutar por liberdade e justiça, sem temor.

POR VOLTA DE 1795 – 14 DE NOVEMBRO DE 1817

COLÔMBIA

ILUSTRAÇÃO DE
PAOLA ESCOBAR
"TENHO MAIS
DO QUE A
CORAGEM
NECESSÁRIA."
—POLICARPA
SALAVARRIETA

• RITA LEVI-MONTALCINI •

CIENTISTA

Quando a avó de Rita morreu de câncer, ela tomou a decisão de ser médica. Ela era particularmente fascinada pelos neurônios (aquilo de que é feito nosso cérebro). Assim, depois de se formar, Rita foi trabalhar com um professor extraordinário chamado Giuseppe Levi e um grupo de ilustres cientistas de sua classe.

Eles estavam no meio de uma pesquisa muito importante quando um ditador cruel baixou um decreto proibindo que pessoas judias trabalhassem na universidade. Rita fugiu para a Bélgica com seu professor, que também era judeu. Mas quando os nazistas invadiram também a Bélgica, ela teve de fugir de novo e retornou à Itália.

É muito difícil trabalhar como cientista se você precisa se esconder o tempo todo e não tem acesso a um laboratório, mas Rita não desistiu.

Transformou seu quarto em uma pequena estação de pesquisa. Afiou agulhas de tricô para criar instrumentos cirúrgicos. Colocou uma pequena mesa de cirurgia em frente à sua cama, onde dissecava galinhas e estudava suas células sob o microscópio.

Quando sua cidade foi bombardeada, Rita fugiu de novo. De esconderijo em esconderijo, não importa o quanto fosse difícil, onde quer que fosse ela continuou trabalhando. Por seu trabalho na área de neurobiologia, recebeu o Prêmio Nobel de Medicina – o que fez dela a terceira pessoa da área médica a receber um Prêmio Nobel!

22 DE ABRIL DE 1909 – 30 DE DEZEMBRO DE 2012

ITÁLIA

ILUSTRAÇÃO DE
CRISTINA AMODEO

"ACIMA DE TUDO, NUNCA
TEMA OS MOMENTOS DIFÍCEIS.
É DESSES MOMENTOS
QUE VEM O MELHOR."
—RITA LEVI-MONTALCINI

ROSA PARKS

ATIVISTA

Houve um tempo em que na cidade de Montgomery, no estado do Alabama, sul dos Estados Unidos, havia segregação racial. As pessoas negras e as brancas frequentavam escolas diferentes, rezavam em igrejas diferentes, faziam compras em lojas diferentes, pegavam elevadores diferentes e até bebiam água em bebedouros diferentes! Só os ônibus que utilizavam eram os mesmos, mas brancos e negros se sentavam em lugares diferentes: os brancos na parte da frente, os negros na parte de trás. Rosa Parks cresceu nesse mundo em branco-e-preto.

A vida era difícil para as pessoas negras, e muitas delas ficavam bravas e tristes por causa da segregação. Mas, se protestassem, iriam para a cadeia.

Um dia, Rosa Parks, então com 42 anos, estava sentada na parte de trás do ônibus, de volta do trabalho para casa. O ônibus estava cheio e não havia lugares livres na parte da frente (a que era reservada aos brancos), então o motorista disse a Rosa para ceder seu lugar para uma pessoa branca.

Rosa disse não.

Ela passou a noite na cadeia, mas seu ato corajoso mostrou às pessoas que era possível dizer não à injustiça.

Os amigos de Rosa decidiram fazer um boicote. Pediram a todas as pessoas negras que não utilizassem nenhum dos ônibus da cidade até que a lei mudasse. A proposta se espalhou e cresceu. O boicote durou 381 dias. Só terminou quando a segregação nos ônibus foi declarada inconstitucional pela Suprema Corte.

Levou dez anos para a segregação ser banida em outros estados, mas, por fim, aconteceu, graças ao corajoso "não" dito por Rosa.

4 DE FEVEREIRO DE 1913 – 24 DE OUTUBRO DE 2005

ESTADOS UNIDOS

ILUSTRAÇÃO DE
SALLY NIXON
"EU GOSTARIA DE SER LEMBRADA
COMO UM PESSOA QUE
QUERIA SER LIVRE... DE
FORMA QUE OUTRAS PESSOAS
TAMBÉM PUDESSEM SER LIVRES."
—ROSA PARKS

RUTH BADER GINSBURG

JUÍZA DA SUPREMA CORTE

Era uma vez uma garota que sonhava ser uma grande advogada. "Uma advogada mulher?", diziam as pessoas, rindo da ideia. "Não seja ridícula! Todos os advogados e juízes são homens!"

Ruth olhava ao seu redor e via que eles tinham razão. "Mas não vejo por que isso não deveria mudar", ela pensava. Ruth frequentou a Escola de Direito da Universidade de Harvard e da Universidade de Columbia, tendo sido uma das alunas que mais se destacaram.

Seu marido, Marty, também havia estudado em Harvard. "Sua esposa deveria estar cozinhando e cuidando do bebê", as pessoas diziam para ele. Mas Marty nem ouvia. Ruth cozinhava muito mal! E, além disso, ele adorava cuidar da filha deles e tinha orgulho de sua brilhante esposa.

Ruth era apaixonada pelos direitos das mulheres. Ela atuou em seis casos emblemáticos sobre igualdade de gênero perante a Suprema Corte de seu país. Depois, ela se tornou a segunda mulher na história dos Estados Unidos a ser juíza da Suprema Corte.

Nos Estados Unidos, a Suprema Corte é composta de nove juízes. "Se me perguntassem quando vai haver um número adequado de mulheres na Suprema Corte, eu responderia: 'Quando houver nove'", ela explicava. "As pessoas ficavam chocadas – mas faz séculos que eles são nove homens e ninguém jamais se incomodou com isso!"

Aos 80 anos, Ruth ainda fazia vinte flexões por dia. Ela se tornou um ícone em seu estilo de se vestir, graças aos colares extravagantes que usava na corte, por cima de sua toga de juíza.

15 DE MARÇO DE 1933 – 18 DE SETEMBRO DE 2020

ESTADOS UNIDOS

ILUSTRAÇÃO DE
ELEANOR DAVIS

"EU DISCORDO."
—RUTH BADER GINSBURG

RUTH HARKNESS

EXPLORADORA

Antigamente, os zoológicos não sabiam muito bem como cuidar dos animais exóticos que adquiriam. Nos Estados Unidos, era raro quando um animal conseguia sobreviver à viagem de seu país de origem até onde iria ficar. Os visitantes estavam acostumados a ver animais mortos e empalhados. Assim, quando o marido de Ruth decidiu levar um panda vivo da China até os Estados Unidos, foi um grande acontecimento. Mas as coisas não aconteceram de acordo com seu plano. Alguns meses depois de chegar na China, o homem morreu.

Ruth era uma estilista de moda em Nova York e sabia muito pouco sobre a China. Mas sentia saudades do marido e adorava aventuras. Então ela pensou: "Vou terminar o que Bill começou. Vou viajar até a China e trazer comigo um panda vivo".

Na China, Ruth trilhou as florestas mais densas, subiu até antigos monastérios, seguiu por rios, dias e dias, e fez fogueiras à noite. Até que, uma noite, ouviu um barulho. Seguiu até o lugar de onde vinha o som, até o meio da floresta, e encontrou um bebê panda em um oco de árvore. Tomou o bebê em seus braços, mas não tinha ideia do que fazer. Ela deu leite ao panda. Quando voltou à cidade, comprou para o panda um casaco de peles, para que ele se sentisse melhor quando ela o abraçasse. Deu ao ursinho o nome de Su Lin e o levou até um zoológico na cidade de Chicago.

Embora hoje se saiba que não é correto roubar um panda de seu habitat natural, naquela época, essa foi a forma encontrada pelos cientistas para compartilhar descobertas e educar as pessoas sobre a vida selvagem em outros países. Como resultado das ações de Ruth, dezenas de milhares de pessoas começaram a perceber que todos os animais selvagens merecem respeito e amor.

21 DE SETEMBRO DE 1900 – 20 DE JULHO DE 1947

ESTADOS UNIDOS

ILUSTRAÇÃO DE
CLAUDIA CARIERI
"NÃO SEI SE SERÁ HUMANAMENTE
POSSÍVEL TRAZER UM PANDA VIVO.
MAS SINTO QUE, SE FOR POSSÍVEL,
EU O FAREI."
—RUTH HARKNESS

• SEONDEOK DE SILLA •

RAINHA

Uma vez, em Silla, um dos três reinos que faziam parte da Coreia, viveu uma jovem muito inteligente que se tornou rainha. Seu nome era Seondeok. Entretanto, um lorde chamado Bidam não ficou nada satisfeito com isso, liderou um levante contra Seondeok com a palavra de ordem: "Garotas não podem ser rainhas!" Ele viu uma estrela cadente e disse ao povo que aquele era um sinal de que o reinado da jovem tinha que acabar.

Mas Seondeok, em resposta, fez subir ao céu uma pipa em chamas e disse ao povo que sua estrela estava de volta no céu.

Essa não foi a primeira vez que a jovem rainha surpreendeu as pessoas com sua esperteza. Quando ela era criança, seu pai (o rei) ganhou do imperador da China um pacote de sementes de peônia e uma pintura da mesma flor. "Que flores bonitas", ela disse, olhando para o desenho, "mas é uma pena que não tenham perfume."

"Como você sabe disso?", o pai perguntou.

"Se elas fossem perfumadas, haveria abelhas e borboletas no desenho."

Quando as flores desabrocharam, o pai constatou que a filha estava certa: as flores realmente não tinham perfume.

A jovem rainha enviou cientistas e estudantes para a China, para aprenderem as línguas que lá eram faladas e os costumes, criando fortes laços de amizade entre os dois povos.

Seondeok foi a primeira mulher a ser rainha de Silla, depois de 26 reis.

POR VOLTA DE 610 – 17 DE FEVEREIRO DE 647

COREIA

ILUSTRAÇÃO DE
KIKI LJUNG

"MUITO MAIS DIFÍCIL QUE CONQUISTAR A CONFIANÇA DAS PESSOAS É TER DE ABANDONÁ-LAS."
—SEONDEOK DE SILLA

SERENA E VENUS WILLIAMS

JOGADORAS DE TÊNIS

Era uma vez duas irmãs da cidade de Compton, no estado da Califórnia, que passavam as tardes no clube de tênis com o pai. Elas se chamavam Serena e Venus.

Todos os dias, o pai das garotas trazia uma cesta de bolas de tênis para a quadra e mostrava a elas como jogar. Serena tinha apenas 4 anos na época. Ela era tão pequena que, quando se sentava no banco, seus pés não encostavam no chão.

Quando cresceu, ela era frequentemente a mais jovem tenista nos torneios em que o pai a inscrevia – o que não a impedia de ganhar.

Em Compton havia gangues que, às vezes, causavam problemas, mas quando viam Serena e Venus jogando, paravam ao lado da quadra cheios de admiração e faziam o máximo para não perturbá-las. A paixão e a determinação das irmãs ao jogar os inspirava.

Serena e Venus treinavam muito, dando tudo pelo tênis. Quando se tornaram adolescentes, eram jogadoras tão boas que o pai declarou que estavam em vias de se tornar as melhores tenistas do mundo.

E foi isso mesmo que aconteceu! As duas irmãs chegaram a número 1 do ranking mundial de tenistas. Continuam a encantar os fãs, deixando a cidade de Compton muito orgulhosa.

SERENA, NASCIDA EM 26 DE SETEMBRO DE 1981

VENUS, NASCIDA 17 DE JUNHO DE 1980

ESTADOS UNIDOS

ILUSTRAÇÃO DE
DEBORA GUIDI
"SE VOCÊ QUER SER
A MELHOR, PRECISA
IMITAR OS MELHORES."
—SERENA WILLIAMS

SIMONE BILES

GINASTA

Era uma vez uma garota que sabia voar. Seu nome era Simone Biles e ela era uma ginasta, a maior da história dos Estados Unidos.

Depois que Simone entrava no tablado, ninguém conseguia tirar os olhos de cima dela. Ela era tão rápida, tão forte, tão flexível, tão ágil! Voava pelo ar com graça e velocidade, contorcendo-se e girando e tocando o chão, sempre com perfeição.

Simone começou na ginástica olímpica com apenas 6 anos. Quando chegou aos 18, tinha ganhado tantas medalhas que, quando viajou ao Rio de Janeiro para os Jogos Olímpicos, todos esperavam que não ganhasse menos do que cinco medalhas.

Um dia, uma jornalista lhe perguntou: "Como você faz para lidar com tanta pressão?"

"Tento não pensar nisso. No momento, meu objetivo é ser mais consistente nas barras irregulares."

"E quanto ao objetivo de ganhar uma medalha de ouro?"

"Uma medalha não pode ser um objetivo", Simone respondeu, sorrindo. "É como minha mãe sempre diz: 'Se fazer o seu melhor significa chegar ao topo, isso é maravilhoso. Se isso significa conseguir o quarto lugar, é maravilhoso também'."

A mãe de Simone a adotou quando ela tinha 3 anos. Ela ensinou para a filha que ter humildade e dar o melhor são as únicas maneiras de ter uma vida cheia de sentido e de inspirar todas as pessoas ao seu redor.

Nos Jogos Olímpicos do Rio, Simone ganhou cinco medalhas – quatro delas de ouro!

NASCIDA EM 14 DE MARÇO DE 1997
ESTADOS UNIDOS

ILUSTRAÇÃO DE
ELINE VAN DAM

"MEU CORPO É
CONSTITUÍDO ASSIM
POR ALGUM MOTIVO,
ENTÃO VOU UTILIZÁ-LO."
—SIMONE BILES

SONITA ALIZADEH

RAPPER

Quando Sonita estava com 10 anos, seus pais lhe disseram: "Nós vamos precisar vender você em casamento." Compraram-lhe roupas bonitas e cuidaram melhor dela.

Sonita não sabia exatamente o que tudo isso significava, mas sabia que não queria se casar. Queria estudar, escrever e cantar. Ela contou isso para a mãe. Mas a mãe respondeu: "Precisamos do dinheiro para comprar uma noiva para o seu irmão mais velho. Não há escolha. Precisamos vender você".

No último momento, porém, a negociação para o casamento deu errado. Uma guerra estourou no Afeganistão, país onde a família de Sonita vivia, e ela e o irmão foram enviados para um campo de refugiados no Irã. Sonita passou a frequentar a escola perto do local e começou a escrever canções.

Quando ela completou 16 anos, a mãe foi visitá-la. Contou à filha que ela precisava voltar ao Afeganistão porque eles haviam encontrado outro marido que queria comprá-la. Mais uma vez, Sonita disse não. Ela adorava a mãe, mas não queria se casar. Ela queria ser uma *rapper*.

Ela escreveu uma canção impactante chamada "Noivas à venda" e a postou no YouTube. O vídeo viralizou e Sonita ficou famosa. Ganhou uma bolsa para estudar música nos Estados Unidos. "No meu país, uma boa garota é aquela que fica calada", disse Sonita, "mas eu quero compartilhar as palavras que estão no meu coração."

NASCIDA EM 1996

AFEGANISTÃO

"ESTOU CANSADA DO SILÊNCIO."

—SONITA ALIZADEH

ILUSTRAÇÃO DE SAMIDHA GUNJAL

• SYLVIA EARLE •

BIÓLOGA MARINHA

Era uma vez uma jovem cientista que adorava mergulhar à noite, quando o oceano estava totalmente escuro e era impossível saber se os peixes estavam acordados ou dormindo.

"À noite", ela dizia, "você vê uma porção de peixes que não consegue ver durante o dia".

O nome dela era Sylvia e ela liderava uma equipe de aquanautas. Ela e a equipe passavam semanas embaixo d'água, mergulhando com veículos submarinos de todo o tipo e estudando a vida no oceano como ninguém havia feito antes.

Certa noite, Sylvia vestiu uma roupa especial. Branca e cinza e tão grande quanto um traje espacial, que tinha um capacete enorme, abaulado, com quatro janelas redondas para enxergar o que havia lá fora. A quase dez quilômetros da praia, ela mergulhou o mais profundo que alguém já chegou sem uma corda de resgate. Lá embaixo, onde a escuridão é maior que a de uma noite sem estrelas, apenas com uma luz fraca de uso subaquático, ela conseguiu pisar no fundo do oceano, da mesma forma que o primeiro homem, com um traje semelhante, mas milhares de quilômetros acima, havia pisado na superfície da Lua.

"Se não existisse o oceano", explica Sylvia, "não haveria vida na Terra. Nenhum humano, nenhum animal, nenhum oxigênio, nenhuma planta. Quem não conhece o oceano não consegue amá-lo."

Sylvia estudou correntes marítimas ocultas, descobriu plantas subaquáticas e acenou para os peixes que vivem no oceano profundo. "Precisamos cuidar dos oceanos", ela diz. "Você me acompanharia em uma missão para proteger o coração azul da Terra?"

NASCIDA EM 30 DE AGOSTO DE 1935

ESTADOS UNIDOS

ILUSTRAÇÃO DE GERALDINE SY

TAMARA DE LEMPICKA

PINTORA

Em uma elegante casa em São Petesburgo, na Rússia, certa vez um pintor foi fazer o retrato de uma menina de 12 anos chamada Tamara.

Tamara não gostou do resultado e pensou que ela podia fazer muito melhor. Alguns anos mais tarde, quando estava na ópera com a tia, Tamara avistou um homem na multidão. Instantaneamente soube que aquele era o homem com quem iria se casar. O nome dele era Tadeusz.

Alguns anos depois, ocorreu uma revolução na Rússia, e Tadeusz foi preso. Tamara conseguiu que o soltassem e, em seguida, o ajudou a fugir para Paris.

A cidade era o centro do mundo da arte naquele tempo, e foi lá que Tamara realizou seu sonho de infância de se tornar pintora. Tornou-se famosa. Muitas celebridades faziam fila para serem retratadas por ela.

Quando começou a Segunda Guerra Mundial, Tamara se mudou para os Estados Unidos.

Logo, seu estilo ousado e marcante saiu de moda. Quando uma de suas exposições recebeu uma avaliação ruim da crítica, ela ficou irritada e jurou nunca mais expor seu trabalho.

Tamara se mudou para o México, onde viveu em uma bela casa até sua morte, aos 82 anos, com a filha Kizette sempre a seu lado.

Seu desejo era que suas cinzas fossem espalhadas sobre o vulcão de Popocatépetl, um final digno para uma artista genial com uma personalidade tão explosiva.

Atualmente, suas pinturas valem milhões de dólares. Tamara ficaria orgulhosa em saber que a cantora Madonna é uma de suas maiores fãs.

16 DE MAIO DE 1898 – 18 DE MARÇO DE 1980

POLÔNIA

ILUSTRAÇÃO DE
MARTA SIGNORI
"VIVO MINHA VIDA
FORA DA SOCIEDADE
E AS REGRAS DELA NÃO
SE APLICAM ÀQUELES
QUE VIVEM À MARGEM."
—TAMARA DE LEMPICKA

VIRGINIA WOOLF

ESCRITORA

Certa vez, uma garotinha que vivia em Londres criou um jornal sobre a própria família. Seu nome era Virginia.

Virginia era inteligente, culta e muito sensível. Toda vez que alguma coisa ruim acontecia, ela ficava incrivelmente triste por várias semanas. Quando estava feliz, era a criança mais feliz na face da Terra.

"Eu vivo intensamente", Virginia escreveu em seu diário.

Virginia sofria de uma doença conhecida como depressão. Essas mudanças de humor a afetaram durante toda a vida. Mas, qualquer que fosse seu humor, Virginia estava sempre escrevendo. Ela mantinha um diário, escrevia poemas, romances, críticas literárias. Escrever era para ela uma forma de ver os próprios sentimentos de forma mais clara e, ao fazer isso, compreender os sentimentos de todas as pessoas.

Havia alguém a quem Virginia amava mais que escrever: seu marido, Leonard.

Virginia e Leonard eram incrivelmente felizes juntos e se amavam profundamente, mas, às vezes, por causa da depressão de Virginia, ficava difícil para os dois sentirem alegria. Na época, não havia tratamento efetivo para a depressão, e muitas pessoas nem acreditavam que fosse uma doença real.

Hoje em dia, a depressão pode ser tratada. Mas sempre que você estiver feliz, triste ou alguma coisa entre um e outro sentimento, é sempre uma boa ideia registrar seu estado de espírito em um diário. Você pode acabar se tornando um gênio da escrita, como Virginia, e ajudar outras pessoas a compreenderem os próprios sentimentos e a viver vidas cheias de sonhos.

25 DE JANEIRO DE 1882 – 28 DE MARÇO DE 1941

REINO UNIDO

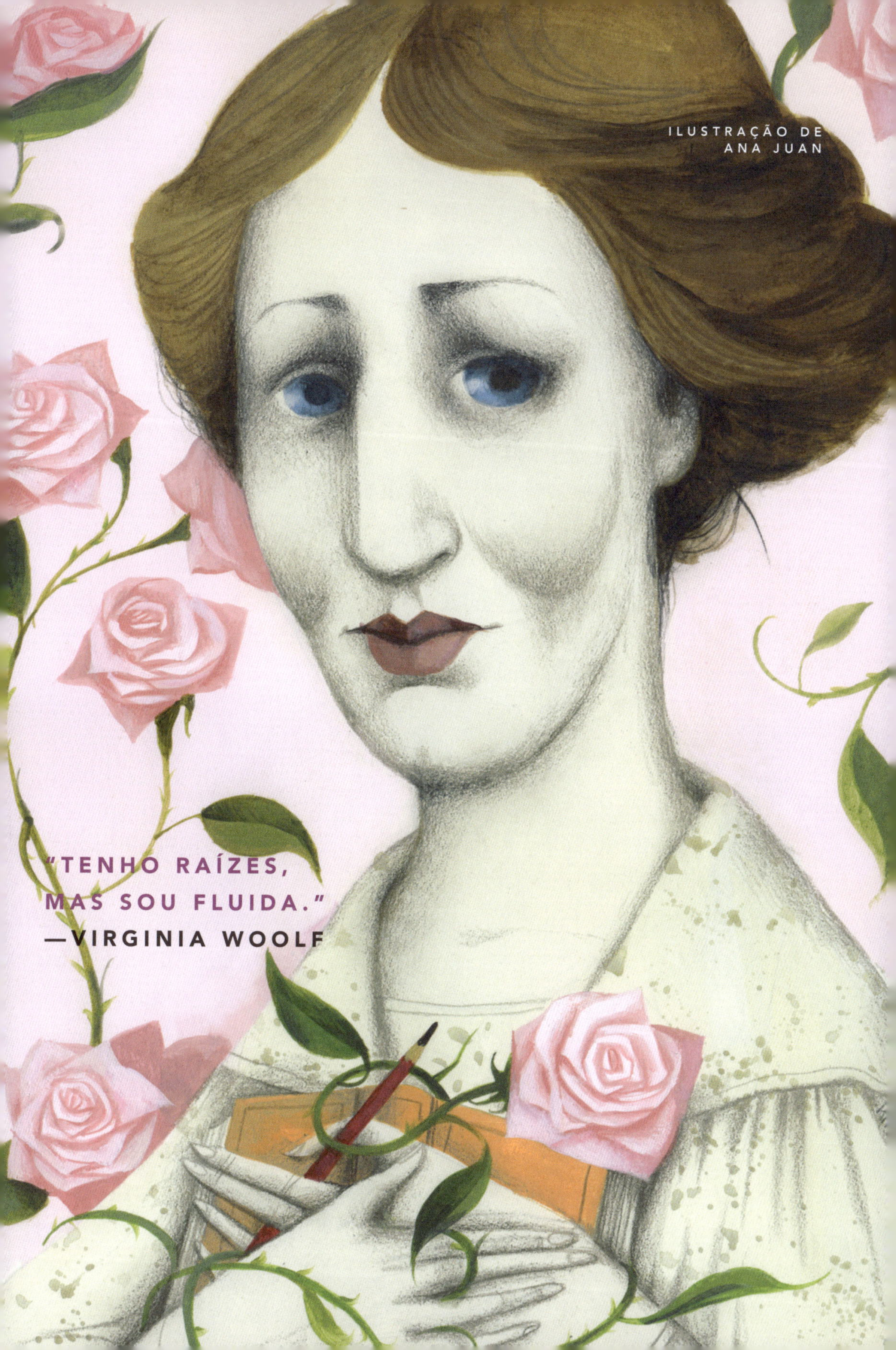
ILUSTRAÇÃO DE
ANA JUAN
"TENHO RAÍZES,
MAS SOU FLUIDA."
—VIRGINIA WOOLF

WANG ZHENYI

ASTRÔNOMA

Era uma vez, na China, uma garota que gostava de estudar sobre várias coisas. Ela adorava matemática, ciências, geografia, medicina e escrever poesias. Seu nome era Wang Zhenyi.

Wang Zhenyi viajava muito e tinha curiosidade por muitos assuntos, mas, acima de tudo, adorava astronomia. Passava horas estudando os planetas, o Sol, as estrelas e a Lua.

Naquela época, as pessoas acreditavam que um eclipse lunar era sinal da cólera dos deuses. Wang Zhenyi sabia que isso não podia ser verdade e decidiu provar com um experimento. Colocou uma mesa redonda – a Terra – no pavilhão de um jardim e pendurou uma lâmpada no teto – o Sol. Um pouco mais de lado, posicionou um grande espelho redondo – a Lua.

Então começou a mover esses objetos exatamente como os astros se movem no céu, até que o Sol, a Terra e a Lua estivessem em fila, com a Terra no meio. "Aqui está! Um eclipse lunar acontece toda vez que a Lua passa diretamente através da sombra da Terra."

Wang Zhenyi também sabia da importância de tornar a matemática e a ciência acessíveis às pessoas comuns, então, livrando-se de toda a linguagem aristocrática, escreveu um texto explicando a força da gravidade.

Sua reputação se espalhou muito e para lugares distantes. Em seus poemas, ela frequentemente escrevia sobre a importância da igualdade entre homens e mulheres.

POR VOLTA DE 1768 – 1797

CHINA

"NÃO ESTÁS CONVENCIDO
DE QUE AS FILHAS TAMBÉM
PODEM SER HEROICAS?"
—WANG ZHENYI
ILUSTRAÇÃO DE
ANA GALVAÑ

WANGARI MAATHAI

ATIVISTA

Certa vez, no país africano de nome Quênia, viveu uma mulher chamada Wangari. Quando os lagos começaram a secar e as fontes de água a desaparecer perto de sua aldeia, Wangari sabia que precisava fazer alguma coisa. Convocou uma reunião com as outras mulheres da aldeia.

"O governo vem cortando árvores para abrir espaço para fazendas e agora precisamos andar quilômetros para recolher lenha para nosso fogo", disse uma delas.

"Vamos trazer as árvores de volta", exclamou Wangari.

"Quantas?", elas perguntaram.

"Alguns milhões seriam suficientes", respondeu Wangari.

"Alguns milhões? Você está maluca? Não existe viveiro que possa vender tantas mudas!"

"Não vamos comprar as mudas de nenhum viveiro, vamos cultivá-las por nossa conta, aqui na aldeia."

Então Wangari e suas amigas recolheram sementes na floresta e as plantaram em latinhas. Regaram e cuidaram até que as plantas estivessem com cerca de 30 centímetros de altura. Depois, plantaram as mudas em seus próprios quintais.

Tudo começou com algumas mulheres. Mas, como uma árvore brotando de uma pequena semente, a ideia se espalhou e se transformou em um movimento muito difundido.

O Movimento do Cinturão Verde se expandiu para além das fronteiras do Quênia. Mais de 51 milhões de árvores foram plantadas e Wangari Maathai recebeu o Prêmio Nobel da Paz por seu trabalho. Ela comemorou plantando uma árvore.

1° DE ABRIL DE 1940 – 25 DE SETEMBRO DE 2011

QUÊNIA

ILUSTRAÇÃO DE
THANDIWE TSHABALALA
"A HORA É AGORA."
—WANGARI MAATHAI

• WILMA RUDOLPH •

ATLETA

Há muito tempo, antes que a vacina contra a poliomielite fosse descoberta, as crianças não tinham proteção contra essa terrível doença. Wilma era muito pequena quando contraiu pólio, que deixou como sequela uma paralisia em uma de suas pernas.

"Não tenho certeza se ela vai poder andar de novo", disse o médico.

"Você vai andar de novo, querida, eu prometo" a mãe de Wilma cochichou em seu ouvido.

Durante dois anos a mãe a levou à cidade para continuar seu tratamento. Todos os dias, seus 21 irmãos e irmãs se revezavam, massageando sua perna fraca. Wilma precisava usar uma muleta para andar, e crianças malvadas da vizinhança zombavam dela. Às vezes, quando os pais não estavam em casa, Wilma tentava andar sem a muleta. Foi difícil, mas ela pouco a pouco foi ficando mais forte.

Quando chegou aos 12 anos, a promessa da mãe se realizou. Wilma conseguia andar sozinha! Começou até a jogar basquete. Ela adorava pular e correr, então nem pensou duas vezes quando o técnico perguntou se queria fazer parte da equipe de corrida.

Wilma participou de vinte corridas e ganhou todas.

"Não sei por que corro tão rápido", dizia. "Eu apenas corro."

Ela acabou sendo considerada a mulher mais veloz do mundo. Quebrou três recordes mundiais nos Jogos Olímpicos de 1960.

Wilma diz que a chave para ganhar é aprender a perder.

"Ninguém ganha o tempo todo", ela dizia. "Se você puder retomar depois de uma derrota esmagadora e seguir em frente e ganhar outra vez, algum dia você será campeã."

23 DE JUNHO DE 1940 – 12 DE NOVEMBRO DE 1994

ESTADOS UNIDOS

"OS MÉDICOS ME DISSERAM QUE EU NÃO VOLTARIA A ANDAR. MINHA MÃE DISSE QUE EU VOLTARIA, SIM. PREFERI ACREDITAR EM MINHA MÃE."
—WILMA RUDOLPH

ILUSTRAÇÃO DE
ALICE BARBERINI

• XIAN ZHANG •

MAESTRINA

Era uma vez um país onde era muito difícil encontrar pianos. Não eram vendidos nas lojas nem utilizados em concertos. Simplesmente, não podiam ser encontrados em nenhum lugar.

Certo dia, um homem teve uma ideia genial: comprou todas as peças necessárias e construiu, sozinho, um piano. Mas não o construiu para ele próprio tocar. Era para sua filhinha de 3 anos, Xian Zhang.

Xian Zhang adorava tocar e queria se tornar uma pianista de concertos, mas o professor disse que as mãos dela eram muito pequenas. Ele a aconselhou, então, a aprender composição, preparando-se para conduzir uma orquestra.

Uma noite, depois do ensaio de *As bodas de Figaro* (uma bela ópera), o maestro chamou Xian Zhang e lhe disse, sem nenhuma outra explicação: "Amanhã é você quem vai reger a orquestra".

"Obrigada", ela respondeu com a voz aguda. Estava apavorada!

Era uma garota pequenininha e tinha apenas 20 anos. Quando subiu no púlpito do maestro, alguns músicos começaram até a rir.

Xian Zhang nem piscou. Não sorriu. Apenas levantou a batuta e esperou.

Dez minutos mais tarde, a orquestra inteira a seguia com respeito.

"Minha vida se transformou de um dia para o outro", ela disse. Hoje, Xian Zhang é uma das mais importantes maestrinas do mundo.

NASCIDA EM 1973

CHINA

ILUSTRAÇÃO DE PING ZHU

"QUANDO AS GAROTAS VIREM OUTRAS MULHERES FAZENDO ESTE TRABALHO, VÃO SENTIR QUE TAMBÉM PODEM FAZER ISSO."

—XIAN ZHANG

YAA ASANTEWAA

RAINHA GUERREIRA

Era uma vez, em uma terra onde havia muito ouro, uma rainha forte que governava o Reino de Asante. Seu nome era Yaa. O povo acreditava nos poderes mágicos de um banquinho de ouro que era tão sagrado que nem o rei nem a rainha tinham permissão para tocar nele. Diziam que a alma e o coração do povo asante – passado, presente e futuro – estava contido nesse trono de ouro.

Um dia, o governador-geral indicado pelos ingleses anunciou que o império britânico ia tomar as terras dos asantes. "Também queremos seu banquinho de ouro para sentarmos nele. Tragam-no aqui imediatamente."

Os líderes do povo asante ficaram chocados e ofendidos – mas seu inimigo era poderoso. Um após outro, eles sugeriram que o povo se rendesse.

Não Yaa Asantewaa. Ela se manteve firme.

"Se vocês, homens de Asante, não forem adiante, nós iremos. Nós, as mulheres, iremos", ela disse. "Vamos lutar contra os homens brancos."

Yaa liderou um exército de 5.000 guerreiros na batalha contra os soldados britânicos, que estavam muito bem equipados. Depois de uma luta feroz, o exército de Yaa foi derrotado. Ela foi capturada e deportada para as Ilhas Seychelles, que ficam na costa da África.

Yaa Asantewaa nunca mais viu sua amada terra, mas seu país continuou a se inspirar em sua bravura. Alguns anos mais tarde, o império Asante reconquistou sua independência. Até hoje o povo de Yaa Asantewaa canta canções sobre sua amada rainha e seu espírito orgulhoso e guerreiro.

POR VOLTA DE 1840 – 17 DE OUTUBRO DE 1921

GANA

ILUSTRAÇÃO DE
NOA SNIR
"SE VOCÊS, HOMENS
DE ASANTE, NÃO
FOREM ADIANTE,
NÓS IREMOS. NÓS,
AS MULHERES, IREMOS."
—YAA ASANTEWAA

YOKO ONO

ARTISTA

Era uma vez uma garotinha chamada Yoko que vivia em uma linda casa na cidade de Tóquio, no Japão. Durante a Segunda Guerra Mundial, a casa em que morava foi bombardeada. Yoko e sua família lutaram para salvar suas vidas. De repente, ela e o irmão não tinham mais brinquedos, nem camas, nem comida, nem roupas. Tinham de pedir comida na rua. Outras crianças zombavam deles, porque antes eram ricos e agora eram os mais pobres entre os pobres.

Quando cresceu, Yoko tornou-se uma artista performática. Isso quer dizer que sua arte não era apenas para ser vista, mas para que as pessoas participassem dela também. Por exemplo, uma vez, ela pediu para que cortassem suas roupas enquanto ainda estava vestida com elas.

Certo dia, um músico chamado John Lennon foi visitar uma das exposições de Yoko. Ele achou a arte bonita e se tornou seu fã.

John e Yoko começaram escrevendo cartas um para o outro, até que se apaixonaram profundamente. Juntos, gravaram músicas, criaram projetos fotográficos e até fizeram filmes.

Na época, os Estados Unidos estavam em guerra com o Vietnã. Yoko sabia como uma guerra podia ser terrível. Ela queria ajudar o movimento pela paz. Muitos realizavam "protestos sentados" ("*sit-in*"), mas, em se tratando de Yoko, ela quis fazer um protesto diferente. Em vez de um protesto sentado, John e Yoko fizeram um protesto na cama ("*bed-in*"), permanecendo sete dias na cama de um hotel, cercados de câmeras de televisão e de jornalistas.

Eles até gravaram uma canção para resumir sua mensagem simples e forte: "Dê uma chance para a paz".

NASCIDA EM 18 DE FEVEREIRO DE 1933

JAPÃO

ILUSTRAÇÃO DE
MICHELLE CHRISTENSEN

• YUSRA MARDINI •

NADADORA

Na cidade de Damasco, na Síria, vivia uma nadadora chamada Yusra. Todos os dias, ela e sua irmã treinavam com o pai na piscina local. A Síria estava em guerra e, um dia, uma bomba caiu sobre a piscina. Por sorte, Yusra não estava lá quando isso aconteceu.

Logo depois, sua casa foi destruída por outra bomba. Escaparam de novo por um triz. De um momento para o outro, Yusra e a família não tinham mais nada, nem um lugar para morar, então eles decidiram fugir do país.

Yusra tinha ouvido dizer que a Alemanha era um bom lugar para nadadores. A viagem seria longa e seria difícil chegar lá, mas isso não fez com que desistisse de sua ideia. Ela e a irmã se reuniram a um grupo de outros refugiados para uma viagem de um mês através de vários países, e em seguida embarcaram em um bote de borracha sujo para seguir até a ilha de Lesbos, na Grécia. No bote cabiam apenas seis ou sete pessoas, mas vinte subiram a bordo. De repente, o motor quebrou. "Não podemos morrer no mar", Yusra pensou. "Somos nadadoras!" Então, ela, a irmã e um rapaz pularam na água.

Eles bateram pés, nadaram, arrastaram e empurraram o bote por mais de três horas, até finalmente chegarem à praia.

Já na Alemanha, a primeira pergunta que Yusra fez foi: "Onde eu posso encontrar um clube para nadar?"

Ela não apenas encontrou um clube, como também, em 2016, fez parte da primeira equipe de refugiados a competir nos Jogos Olímpicos.

NASCIDA EM 5 DE MARÇO DE 1998

SÍRIA

ILUSTRAÇÃO DE
JESSICA M. COOPER
"DESEJO QUE TODOS
OS REFUGIADOS TENHAM
ORGULHO DE MIM."
—YUSRA MARDINI

• ZAHA HADID •

ARQUITETA

Quando completou 10 anos, Zaha decidiu que queria ser arquiteta. Ela era uma garota muito determinada e quando cresceu se tornou uma das maiores arquitetas de seu tempo. Ficou conhecida como "Rainha da Curva", porque os edifícios que projetava tinham muitas curvas ousadas e extensas.

Um dia, ela embarcou em um avião. O piloto explicou que haveria um pequeno atraso na decolagem. Zaha ficou irritada e insisitiu em que a pusessem em outro voo imediatamente. Impossível, informou a tripulação: sua bagagem já estava a bordo daquele voo. Mas Zaha insistiu e conseguiu o que queria. Ela sempre conseguia.

Esse era seu jeito de ser.

Zaha gostava de transpor limites, fazer coisas que todas as outras pessoas achavam impossíveis. Foi assim que ela criou todo o tipo de edifícios, até aqueles que ninguém mais poderia sequer imaginar. Ela projetou quartéis de bombeiros, museus, vilas, centros culturais e aquáticos e muito mais.

Ela forjou o próprio caminho. Nunca teve medo de ser diferente. Um de seus mentores disse que ela era como "um planeta com uma órbita única e inimitável".

Ela sempre sabia o que queria e não descansava enquanto não o conseguisse. Alguns dizem que essa é a chave para conquitar coisas grandes na vida. Zaha foi a primeira mulher a receber a Medalha de Ouro do RIBA – Instituto Real dos Arquitetos Britânicos.

31 DE OUTUBRO DE 1950 – 31 DE MARÇO DE 2016

IRAQUE

ILUSTRAÇÃO DE
NOA SNIR
"SEMPRE ACREDITEI SER PODEROSA,
DESDE QUE ERA CRIANÇA."
—ZAHA HADID

ESCREVA SUA HISTÓRIA

Era uma vez

DESENHE SEU RETRATO

HALL DA FAMA DAS REBELDES

Aqui estão os nomes de garotas e garotos rebeldes que acreditaram desde o princípio nas ***Histórias de ninar para Garotas Rebeldes*** no Kickstarter.* Eles são do mundo inteiro, e vão mudar o mundo inteiro.

NIGISTE ABEBE
PIPER ABRAMS
HAIFA E LEEN AL SAUD
SHAHA F. E WADHA N. AL-THANI
NEDA ALA'I-CHANGUIT
RAFFAELLA E MADDALENA ALBERTI
MADELEINE ALEXIS
WILLOW ALLISON
LEIA ALMEIDA
VIOLET AMACK
BROOKLYN ANDERSON
SOFIA ANDREWS
ANDHIRA JS ANGGARA
GRACE ANKROM
OLIVIA ANN
SYLVIE APPLE
ALEJANDRA PIEDRA ARCOS
CAMILA ARNOLD
CAROLINA ARRIGONI
EVANGELINE ASIMAKOPOULOS
PHOEBE ATKINS
AUDREY B. AVERA
AZRAEL
MISCHA BAHAT
KIERA BAIRD
EMERY E NYLAH BAKER
MOLLY E SCARLET BARFIELD
EVA BARKER
ISABELLA BARRY
PIPPA BARTON
CRISTINA BATTAGLIO
SOFIA BATTEGODA
JENNIFER BEEDON
EMMA BEKIER
TAYLOR BEKIER
VIVIENNE BELA
MADELINE BENKO
EMMA BIGKNIFE
PIA BIRDIE
HANNAH BIRKETT
ALEXIS BLACK
KATIE BLICKENSTAFF
ADA MARYJO E ROSE MARIE BODNAR
GABRIELLA MARIE BONNECARRERE WHITE
RIPLEY TATE BORROMEO
MEGAN BOWEN
LILA BOYCE
MARLEY BOYCE
MOLLY MARIE E MAKENNA DIANE BOYCE
JOY E GRACE BRADBURY
MAGNOLIA BRADY
EVA E AUGUST BRANCATO
CORA E IVY BRAND
TALA K E KAIA J BROADWELL
AUDREY E ALEXANDRA BROWN
SCARLETT BRUNER

* *Maior site do mundo de financiamento coletivo para projetos inovadores. (N. T.)*

MARLOWE MARGUERITE BÜCKER
KATIE BUMBLEBEE
VIVIAN E STACY BURCH
CLARA BURNETTE
MIA A. BURYKINA
ZOE BUTTERWORTH
CASSIA GLADYS CADAN-PEMAN
GIGI GARITA E LUNA BEECHER CALDERÓN
FINLEY E MANDIE CAMPBELL
SCARLETT E CHARLI CARR
KAITLYN CARR
EMILIE CASEY
LUCIENNE CASTILLO
KYLEE CAUSER
OLIVIA ANNA CAVALLO STEELE
NEVEYA CERNA-LOMBERA ESTRADA
ELLE CHANDLER
JOSIE CHARCON
LYN CHEAH
ANNA MARY CHENG
ELINOR CHIAM
LEELA CHOUDHURI
MILA CHOW
BEATRICE CICCHELLI
COCO COHEN
ABIGAIL COLE
EMILY ROBBINS COLEY
SOPHIA CONDON
EMILY COOLEY
ALLISON COOPER
STELLA E MATILDE CORRAINI
GIORGIA CORSINI
LOGAN COSTELLO
EMILY CLARE E CHARLOTTE
GIULIA COSTELLO
CAMILLE E ARIANE COUTURE
ISABEL CRACKNELL
ROSE CREED
SOPHIA E MAYA CRISTOFORETTI
NATALIE SOPHIA E CHLOE SABRINA CRUZ
GABRIELA CUNHA
EVIE CUNNINGHAM
ADA CUNNINGHAM
EVENING CZEGLEDY
ANTONIA E INDIANA D'EGIDIO
KYLIE DAVIS
ELLA-ROSE DAVIS
BRENNA DAVISON
ELIZABETH DEEDS
ILARIA E ARIANNA DESANDRÉ
ROSALIE DEVIDO
ALISSA DEVIR
PAOLA E ANTONIO DI CUIA
EMILIA DIAZ
NEVAEH DONAZIA
HADLEY DRAPER LEVENDUSKY
HATTIE AND MINA DUDEN
SELMA JOY EAST
ALDEN ECKMAN
EUGENIO E GREGORIO
SOPHIA EFSTATHIADIS
JULIA EGBERT
AILLEA ROSE ELKINS
ANNA ERAZO
RAMONA ERICKSON
MADELINE "MADDIE" ESSNER
ELENA ESTRADA-LOMBERA
SCOUT FAULL
LILLIAN FERGUSON
AURELIA FERGUSON
HEIDI E ANOUSHKA FIELD
PAIGE E MADELYN FINGERHUT
MARILENA E TERESA FIORE
MARGARET E KATHERINE FLEMING
VIDA FLORES SMOCK
LILY E CIARA (KIKI) FLYNN
SABINE FOKKEMA
MIA E KARSON FORCHELLI
HANNAH FOSS
SARA BON E HANNAH LEE FOWLER
SYLVIE FRY
MOLLY CHARLOTTE FUCHS

KATARINA GAJGER
OLIVIA GALLAGHER
TAYLOR GALLIMORE
ANN GANNETT BETHELL
MADELINE E LUCY GERRAND
MAREN E EDEN GILBERT TYMKOW
FABULOUS GIRL
CAMILLA GOULD
SYAH GOUTHRO
EMMA GRANT
ISLA GREEN
CARA E ROWAN GREEN
VICTORIA GREENDYK
MARIAH GRIBBLE
SAGE GRIDER
SUSIE GROOMES
EMMA, LUCY E FINLEY GROSS
CLAUDIA GRUNER
PAZ GUELFI-SALAZAR
VIOLA GUERRINI
IRIS GUZMAN
ABIGAIL HANNAH
ANNA-CÉLINE PAOLA HAPPSA
ALANNA HARBOUR
EVELYN E LYDIA HARE
GWYNETH E PIPER HARTLEY
ABIGAIL E CHRISTA HAYBURN
SOFIA HAYNES
EVIE E DANYA HERMAN
MACY HEWS
CLARE HILDICK KLEIN
AUREA BONITA HILGENBERG
RUBY GRACE HIME
AVA HOEGH-GULDBERG
JANE HOLLEY-MIERS
FARAH HOUSE
ARYANNA HOYEM
SASKIA E PALOMA HULT
JORJA HUNG
HAYLIE E HARPER HUNPHREYS
NORA IGLESIAS POZA
DEEN M. INGLEY
AZALAYAH IRIGOYEN
MIRIAM ISACKOV
JADI E ALEXANDRA MAYA JAFFE
FILIPPA JAKOBSSON
HADDIE JANE
ELEANOR HILARY E CAROLINE KARRIE
JANULEWICZ LLOYD
JEMMA JOYCE TOBER
MARLEE AND BECCA K. ICKOWICZ
SLOANE E MILLIE KAULENTIS
JESSICA AND SAMANTHA KELLOGG
MALENA KLEFFMAN
BRONWYN KMIECIK
CHARLOTTE KNICKERBOCKER
VIOLET KNOBLOCK
RACHEL BELLA KOLB
GABBY E COCO KOLSKY MILA KONAR
DARWYN E LEVVEN KOVNER
OLIVIA KRAFT
SHAYNA E LAYLA KRAFT
ZORA KRAFT
LUCY E LOLA KRAMER
MORGAN E CLAIRE KREMER
CLARA LUISE KUHLMANN
VIVIENNE LAURIE-DICKSON
JULIA LEGENDRE
BOWIE LEGGIERE-SMITH
ARIANNA LEONZIO
DARCY LESTER
ARABELLA E KRISTEN LEVINE
EMILIA LEVINSEN
SOFIA LEVITAN
GWYNETH LEYS
ERICA A. E SHELBY N. LIED
IRENE LINDBERG
AUDREY LIU-SHEIRBON
SYDNEY LOERKE
ROXANNE LONDON
SIENA E EMERY LONG
GIULIA LORENZONI
BRIE LOVE
LILY KATHRYN LOWE

ELLAMARIE MACARI-MITCHELL
NATALIA MACIAS
ALISON E CAROLINE MACINNES
MACKENZIE E MACKAYLA
IESHA LUCILE MAE
AISLINN MANUS
LUCIA MARGHERITA
MOXIE MARQUIS
LEONOR E LAURA MARUJO TRINDADE
CARYS MATHEWS
EVELYN E TEAGAN MCCORMICK
VIOLET MCDONALD
JOSEPHINE, AYLIN E SYLVIA MCILVAINE
ALIZE E VIANNE MCILWRAITH
ANNABELLE MCLAUGHLIN
MAGGIE MCLOMAN
FIONA MCMILLEN
SOPHIA MECHAM
RYLIE MECHAM
MAILI MEEHAN
AVA MILLER
MORGAN MILLER
NOA MILLER
KATHERINE MILLER
PHOEBE MOELLENBERG
ALEXANDRA LV MOGER
LUBA E SABRINA MIRZA MORIKI
FRIDA MORTENSEN
SARAH MOSCOWITZ
VIOLET J. MOURAS
MABEL MUDD
GEORGIANA MURRAY
NOOR NASHASHIBI
BEATRICE NECCHI
SYDNEY NICHOLS
ELLEN NIELSEN
DYLAN E MARGAUX NOISETTE
VALENTINA NUILA
SUMMER O'DONOVAN
KSENIA O'NEIL
RIN O'ROURKE
ZELDA OAKS
OLIVIA SKYE OCAMPO
EMMA OLBERDING
CLAIRE ORRIS
ELEANORA OSSMAN
CHAEYOUNG E CHAEWON OUM
KHAAI OWENS
MAJA E MILA OZUT
POPPY OLIVIA PACE
OLIVIA PANTLE
SIMRIN MILA E SIANA JAYLA PATEL
ANNAMARIA E ELIO PAVONE
TINLEY PEHRSON
OAKLEY PEHRSON
SIENA PERRY
SCARLETT PETERS
ALEXANDRA E GABRIELLE PETTIT
FEI PHOON
SUNNY E HARA PICKETT
MACYN ROSE PINARD
BRESLYN, ARROT E BRAXON PLESH
STOCK-BRATINA
MADISYN, MALLORY E RAPHAEL PLUN- KETT
FRANCES SOPHIA POE
ELSA PORRATA
ALEXANDRA FRANCES RENNIE
ANNA E FILIPPO RENZI
AVA RIBEIRO
MIKAYLA RICE
ZOE RIVERA
ARIA E ALANA ROBINSON
CLEO ROBINSON
SOFIA, BEATRICE E EDOARDO ROCHIRA
SOPHIE ROMEO
ELLA ROMO
LUCY ROTE
SOFÍA RUÍZ-MURPHY
SILVIA SABINI
ELIZABETH SAFFER
VIOLA SALA
MANUELA SALES STEELE
ESMIE SALINAS
KAYLA SAMPLE

KYRA SAMPLE
MIA E IMANI SANDHU
SOFIA SANNA
KENDRA SAWYER
LUCY SCHAPIRO
NORAH ELOISE SCHMIT
BELLA SCHONFELD
ELISENDA SCHULTZ
MOLLY SCOTT
KYLIE E KAITLYN SCOTT
NATALIE SER
TYNG WANG
AMAYA E KAVYA SETH
CRISTINA E EVELYN SILVA
SHAI SIMPSON
ELLA AUSTEN E KAILANI MEI SKOREPA
PHOEBE SMITH
ARLENE SMITH
OLIVIA-LOUISE SMITH
SARA SNOOK
EVERLY SNOW
GENEVIEVE E EMERY SNYDER
SELIA SOLORZANO
AURORA SOOSAAR
AVA STANIEWICZ
RHYAN STANTON
BROOKE STARCHER
ANNABEL WINTER STETZ
SHELVIA STEWART
MAIA STRUBLE
EMMA STUBBS
GJ STUCKEY
NAVAH E MOLLY STUHR
MYA SUMMERFELDT
SYDNEY SUTHERLAND
SIMONE SWINGLE
VICTORIA SZRAMKA
LOLA-IRIS E LINLEY TA
OLIVIA TAPLEY
HAILEY ADAMS THALMAN
SOPHIE E VIOLET THI BRANT
LUANA THIBAULT CARRERAS
REBECCA THROPE
PENELOPE TRAYNOR
JULIA TRGOVCEVIC
CAROLINE TUCKER
CORA ELIZABETH TURNER
SONIA TWEITO
ZOOEY TYLER WALKER
AGNES VÅHLUND
FINLEY VARGO
SARAH VASILIDES
SOPHIE VASSER
NOEMI VEIT
RIDHI VEKARIA
GABRIELLA VERBEELEN
NAYARA VIEIRA
FABLE VITALE
GRACE MARIA WAITE
RAEGAN E DARBY WALSH
TOVA ROSE WASSON
JOSEPHINE WEBSTER-FOX
ELIZABETH WEBSTER-MCFADDEN
ZOE E TESSA WEINSTEIN
HARPER WEST
LAUREN WEST
STELLA WEST-HUGHES
ANNA WESTENDORF
ELLIA E VICTORIA WHITACRE
ELEANOR MARIE WHITAKER
MADELYN WHITE
KAYLA WIESEL
GRACE WILLIAMS
TESSANEE E KIRANNA WILLIAMS
SAM WILSON
VICTORIA PAYTON WOLF
GEMMA WOMACK
TEDDY ROSE WYLDER HEADEY
CHLOE YOUSEFI
HANNAH YUN FEI PHUA
AZUL ZAPATA-TORRENEGRA
SLOANE ZELLER
WILLA E WINNIE ZIELKE

• ILUSTRADORAS •

Sessenta extraordinárias artistas mulheres do mundo inteiro criaram os retratos das inovadoras rebeldes deste livro.

ALEXANDRA BOWMAN, **EUA**, 103
ALICE BARBERINI, **ITÁLIA**, 139, 191
AMANDA HALL, **EUA**, 121
ANA GALVAÑ, **ESPANHA**, 49, 89, 187
ANA JUAN, **ESPANHA**, 9, 185
BARBARA DZIADOSZ, **ALEMANHA**, 93, 159
BIJOU KARMAN, **EUA**, 5
CARI VANDER YACHT, **EUA**, 91
CLAUDIA CARIERI, **ITÁLIA**, 17, 123, 171
CRISTINA AMODEO, **ITÁLIA**, 53, 165
CRISTINA PORTOLANO, **ITÁLIA**, 7, 39, 131
CRISTINA SPANÒ, **ITÁLIA**, 113, 117
DALILA ROVAZZANI, **ITÁLIA**, 57
DEBORA GUIDI, **ITÁLIA**, 111, 141, 175
ÉDITH CARRON, **FRANÇA**, 109
ELEANOR DAVIS, **EUA**, 169
ELENI KALORKOTI, **ESCÓCIA**, 67
ELENIA BERETTA, **ITÁLIA**, 45
ELINE VAN DAM, **HOLANDA**, 15, 177
ELISABETTA STOINICH, **ITÁLIA**, 3, 33
ELIZABETH BADDELEY, **EUA**, 127
EMMANUELLE WALKER, **CANADÁ**, 83
GAIA STELLA, **ITÁLIA**, 119
GERALDINE SY, **FILIPINAS**, 11, 181
GIULIA FLAMINI, **ITÁLIA**, 13, 133
HELENA MORAIS SOARES, **PORTUGAL**, 59, 149
JEANETTA GONZALES, **EUA**, 155
JESSICA M. COOPER, **EUA**, 199
JUSTINE LECOUFFE, **EUA**, 25, 71
KAROLIN SCHNOOR, **ALEMANHA**, 43
KATE PRIOR, **EUA**, 23, 107
KATHRIN HONESTA, **INDONÉSIA**, 63, 85
KIKI LJUNG, **BÉLGICA**, 41, 61, 173
LEA HEINRICH, **ALEMANHA**, 19, 55
LIEKE VAN DER VORST, **HOLANDA**, 97
LIZZY STEWART, **REINO UNIDO**, 27
MALIN ROSENQVIST, **SUÉCIA**, 95, 101
MARIJKE BUURLAGE, **HOLANDA**, 35
MARTA LORENZON, **ITÁLIA**, 47
MARTA SIGNORI, **ITÁLIA**, 115, 143, 183
MARTINA PAUKOVA, **ESLOVÁQUIA**, 125, 137
MICHELLE CHRISTENSEN, **EUA**, 197
MONICA GARWOOD, **EUA**, 21, 69, 153
NOA SNIR, **ISRAEL**, 195, 201
PALESA MONARENG, **REINO UNIDO**, 31, 161
PAOLA ESCOBAR, **COLÔMBIA**, 163
PAOLA ROLLO, **ITÁLIA**, 51, 77
PING ZHU, **EUA**, 151, 193
PRIYA KURIYAN, **ÍNDIA**, 29, 129
RIIKKA SORMUNEN, **FINLÂNDIA**, 73
RITA PETRUCCIOLI, **ITÁLIA**, 79, 147
SALLY NIXON, **EUA**, 65, 167
SAMIDHA GUNJAL, **ÍNDIA**, 179
SARA BONDI, **ITÁLIA**, 105
SARAH MAZZETTI, **ITÁLIA**, 99
SARAH WILKINS, **NOVA ZELÂNDIA**, 37, 145
SOPHIA MARTINECK, **ALEMANHA**, 81
THANDIWE TSHABALALA, **ÁFRICA DO SUL**, 135, 189
ZARA PICKEN, **EUA**, 157
ZOZIA DZIERŻAWSKA, **POLÔNIA**, 75, 87

• AGRADECIMENTOS •

Gratidão é um de nossos sentimentos favoritos. Ela acompanhou a criação deste livro desde a ideia até o momento em que chegou a suas mãos. Agora que você está prestes a terminar a leitura, gostaríamos de agradecer a algumas mulheres que são especiais para nós.

Nossas mães, ***Lucia e Rosa***, que sempre acreditaram em nós e nos mostraram, dia após dia, o poder fenomenal de um coração rebelde; nossa sobrinha, ***Olivia***, para nos dar mais um motivo para lutar a dura luta; ***Antonella***, por ter sempre sido a irmã mais velha, embora seja a mais nova; ***Annalisa Brenda*** e ***Elettra***, que são as amigas mais queridas que alguém pode desejar; ***Christine*** que – depois de uma reunião de vinte minutos – decidiu que 500 Startups seriam os primeiros investidores na Timbuktu Labs; ***Arianna***, por seu inabalável entusiasmo por todas as coisas; ***Timbuktu***, por sua preciosa colaboração na pesquisa feita para este livro; ***Vilma***, por ser forte como um rocha; ***nonna Marisa***, por seu grande coração e olhos luminosos; ***nonna Giovanna***, por sempre manter a chama acesa, com as frases sobre produtividade mais ousadas do mundo; ***zie Lelle***, por suas risadas.

Um agradecimento do fundo do coração para todos os 20.025 (no momento em que este livro foi escrito) apoiadores que nos ajudaram a trazer ao mundo ***Histórias de ninar para Garotas Rebeldes***.

Não teríamos conseguido sem a ajuda de vocês.

• SOBRE AS AUTORAS •

ELENA FAVILLI é autora *best-seller* do *New York Times*, jornalista e quebradora de telhados de vidro. Ela é cofundadora do Garotas Rebeldes, onde é parte do conselho diretivo, liderando todas as iniciativas de impacto. Elena já escreveu para os seguintes órgãos da imprensa: *Guardian*, a *Vogue*, *ELLE*, *COLORS Magazine*, *McSweeney's*, *RAI*, *Il Post* e *La Repubblica*, além de ser uma das autoras de quatro livros da série *Garotas Rebeldes*.

FRANCESCA CAVALLO é autora *best-seller* do *New York Times*, ativista e empreendedora. Ganhadora, em 2018, do *Star Watch Award* da revista *Publishers Weekly* por seu trabalho em Garotas Rebeldes, Francesca lançou uma das mais bem-sucedidas campanhas de *crowdfunding* da história editorial. Em 2019, ela fundou a Undercats, uma empresa com a missão de aumentar radicalmente a diversidade nas produções culturais da mídia para crianças.

REBEL GIRLS é a marca de uma multiplataforma global de empoderamento dedicada a mobilizar a geração mais inspiradora e confiante de garotas por meio de conteúdo, experiências, produtos e formação de comunidade. Tendo se originado em um livro para crianças que foi best-seller internacional, Garotas Rebeldes amplifica as histórias de mulheres de verdade que existiram através da história, geografia e campos de excelência. Com uma comunidade em crescimento que já conta com 20 milhões de garotas que se identificam como Garotas Rebeldes, distribuídas em mais de 100 países, a marca engaja a Geração Alpha por meio desta série de livros, seu premiado podcast, eventos e merchandise. Com o lançamento, em 2021, do aplicativo Garotas Rebeldes, a empresa criou um estandarte para as garotas explorarem um mundo incrível, repleto de histórias verdadeiras e inspiradoras de mulheres extraordinárias.